湖湘文化极简史

钟君 谢兵良——主编

岳麓書社·長沙

图书在版编目（CIP）数据

湖湘文化极简史 / 钟君，谢兵良主编.--长沙：岳麓书社，2024.12
ISBN 978-7-5538-2228-0
I. ①K296.4
中国国家版本馆CIP数据核字第2024GD9291号

湖湘文化极简史
HUXIANG WENHUA JI JIAN SHI

主　　编：钟　君　谢兵良
出 版 人：崔　灿
出版统筹：马美著
责任编辑：周家琛　陈文韬　陶嶒玲　曾　倩　肖　航
助理编辑：夏楚婷
责任校对：舒　舍
营销编辑：谢一帆　唐　睿　向媛媛
装帧设计：谢俊平　刘阁辉

岳麓书社出版发行
地　　址：湖南省长沙市爱民路47号
直销电话：0731-88804152　0731-88885616
邮　　编：410006

版　　次：2024年12月第1版
印　　次：2024年12月第1次印刷
开　　本：710 mm × 1000 mm　1/16
印　　张：17
字　　数：180千字
书　　号：ISBN 978-7-5538-2228-0
定　　价：88.00元
承　　印：湖南省众鑫印务有限公司
电　　话：0731-88884129（如有印装质量问题，请与本社印务部联系）

序　言

湖南是文化大省，历史悠久、钟灵毓秀、人文荟萃，素有“文源深、文脉广、文气足”的美誉。这片沃土孕育的湖湘文化在历史的长河中熠熠生辉，是中华优秀传统文化“百花园”中的灿烂瑰宝，是湖南发展的不竭动力。2024年3月，习近平总书记考察湖南时指出：“悠久的历史文化、厚重的革命文化、活跃的现代文化，是湖南增强文化软实力的丰富资源和深厚基础。”牢记习近平总书记的殷殷嘱托，立足中华文化大视野审视湖湘文化，更好担负起新的文化使命，三湘儿女责无旁贷。

水土涵养文化，自然勾连人文。湖湘大地高山溪谷、山峦丘陵与河湖平原俱有，气候宜人，空间格局从相对封闭、半封闭到舒展开阔。在这里，湘、资、沅、澧四水汇集于洞庭湖，浩浩荡荡注入长江。高山让独特文化稳定进步，丘陵适合跨流域文化碰撞，平原让各种文化自由交流、全面融合。湘水汇入洞庭，苗蛮归于楚地，多源合流，彼此沟通，湖湘的地理概念由此发轫。先民的遗迹里，湖湘文化的发生几与中华文明的整体同频。高庙白陶上的一只凤鸟，从远古飞抵今日，色彩依旧鲜明。千年的时间尺度上，湖湘文化的大河，波澜壮阔交织着静水流深，绵延至今，不减磅礴。

历史、地域与文化的三维交错，构筑起湖湘文化广阔的概念空间。《湖湘文化极简史》是一本小书，却集合了湖湘文化研究的先锋力量。作为研究者，我们溯源而行，力图在有限的体量里综采多端，以简明的叙述厘清文化发展的支脉与主流，标定历史演进的激流与浅滩，拓印文化史的基本风貌。

湖湘文化源流深远，蕴涵丰富。它源自新石器时代的农业文明，在历史的发展中不断丰富自身，成为一个容纳多种要素的复合体。既包括了丰富多彩的物质文明，又传达了特色鲜明的精神特质；既包含了上层社会的“雅”文化、精英文化，又容纳了世俗文化、大众文化；既保留了沅湘先民的文化成果，又吸纳了秦汉以来占据主流地位的中原文化；既澎湃着汉文化与儒学的风尚，又荡漾着“三苗”“荆楚”的蓬勃生机。多源合流，彼此激荡，拓宽了文化的发展空间，也共同涵养着“以地域为基础，以历史为主线，以景物为载体，以现实为表象，在社会进程中发挥作用的人文精神”。

湖湘文化绵延不绝，生生不息。在漫长的历史演进里一脉相承，彰显着传承性与连续性的一体两面，又依时而变、随物赋形，具有自我更新、回应时代、开创新局的文化主体性与旺盛生命力。屈原的诗歌把湘楚民风与中原文化铸为一体；周敦颐将佛道思想纳入儒学正统；肇始于南宋的湖湘学派，积极与闽学、江西学派等开展交流；王船山在承继南宋学统的同时，吸收浙学的事功取向……“流水不腐，户枢不蠹”，湖湘地域特殊的自然环境涵养出的独特文化，是完备的系统，亦是开放的体系；既不懈于自我的新陈代谢，又不断地在地域文化的交流中兼收并蓄，在时代主流的变迁中吐故纳新。

湖湘文化是中华优秀传统文化的重要支流，更是中华文化的重要形态和重要载体，也是中华道统的核心传承，在历史发展的每一个阶段都体现出对时代命题的积极回应。楚辞经沅湘巫风的陶染而成中国古典诗歌的重要源头；被称为两宋“道学宗主”的周敦颐，亦是长期活动于湘地。文学之鼻祖，理学之开山，无不与湘楚大地紧密相连。胡安国、胡宏父子，承濂溪之学，开创湖湘学统；张栻主讲岳麓书院，集湖湘学派之大成。到近代，湘楚大地更是人才群起，“中兴将相，什九湖湘”。主政事，倡改革，师夷长技以制夷，有魏源、曾国藩、左宗棠、郭嵩焘；戊戌维新时期的谭嗣同、熊希龄；到“五四”潮起，新民主主义革命掀开序幕，以毛泽东、蔡和森、刘少奇、彭德怀、贺龙等为代表的湘人，引领历史潮流，缔造新中国，“换了人间”。建国之后的建设时期，亦涌现出雷锋等时代楷模，对民族性格的丰富与时代风气的形塑产生重大影响。

历史的巨轮行至今日，湖湘文化紧随民族复兴的航向，愈发共鸣于时代的脉搏。百年未有之大变局呼唤我们，去发掘优秀文化所积蓄的历史势能，以奔赴新时代的万仞沧海。理顺湖湘文化的基因序列，夯实地域文化的自我认同，关乎新时代强省建设的凝聚力、创造力、自信力，任重而道远。作为湖湘学人，我们有幸深耕于这片人文沃土，自觉应担负起固本培元的使命，以历史书写厚植现代化建设的文化软实力，以学术创新锚定高质量发展的时代新坐标。

我们以历史时期为纲（从史前至1949年），依时序展开湖湘文化由古至今的十个章节。由史前先民的文化创造起笔，通过对古史传说与考古资料的交互追溯，还原湖湘文化发祥之初的概貌。秦汉以降，“湖湘”的地域自觉苏醒，文学、工艺、医学、科技等领域辉光日新，于隋唐达至全盛，“湖南”得名于此时。宋元开启了理学风尚，书院成为文化传承与发展的重要阵地。到明清之时，湖南建省，茶陵诗派兴起，经世哲学肌骨渐丰，湖湘文化的古典一端佳酿已成，为引领历史巨变积蓄力量。“百年近代史，半部湖南人”，救亡图存的冲锋号吹响，最富朝气的湘楚大地迎来缓慢而深刻的现代化转型，心忧天下、敢为人先的湖湘精神于中流显现，在新民主主义革命中尤为激越。流动的历史蔓延至当代，芙蓉国里尽春晖；经济、政治、科技、文化，硕果累累，为湖湘文化注入新鲜的内涵。

我们在新时代历史观指引下体认文化、叙述历史。极简史的书写，要求编者对历史大势有着清晰的把握，对历史发展的主要矛盾有着深刻的认知。我们努力做到在各种史料的交互中辨认湖湘文化的经脉，并以凝练、客观的表达呈现历史的本来面貌，揭示文化演进的规律与进程，以期读者能通过简短的阅读勾勒出湖湘文化基本且清晰的历史脉络，在广阔的时间维度上观测到更为宏观的文化面貌，标定其在中华文化总体发展中的位置。以此为基础，方能培植历史自觉、涵养文化自信、增强地域认同，让传承与发扬湖湘文化的步伐走得愈发有底气、见神采。

我们力图发掘历史事件与文化现象背后独属于湖湘文化的精神气质，庙堂之高或是江湖之远，总有一些启示跨越时空在交响。无论是朴素的情感认知，还是深邃的理论探索，是精妙的制度设计，抑或丰饶的民风民俗，都归于文化，包蕴精神。我们采用马克思主义的立场、观点和方法，将从个性中提炼共性、从现象中分析本质的努力贯穿全书，以期建构起相对完整的湖湘精神谱系，为精神文化资源的现代化转换奠定坚实基础。

春江浩荡，风起绿洲，又踏层峰望眼开。回溯历史，湖湘文化从远古走来，迭遭忧患而经久不衰；展望前路，我们走在自己的道路上，奋斗正当其时。新征程上，我们要更好地担负起新的文化使命，传承历史文化，赓续革命文化，发展社会主义先进文化，使湖湘文化在新时代实现新发展、呈现新气象，在建设中华民族现代文明中展现新作为。

本书编写组

2024 年 7 月

目录

一

史前遗存　文明曙光

湖湘文化源远流长，新中国成立以来，湖南考古发掘了一系列重大成果。从旧石器时代的虎爪山文化（距今约 50 万年）、鸡公垱文化（距今约 20 万年）、乌鸦山文化（距今约 10 万—3 万年）、伞顶盖文化（距今约 5 万—2 万年）、十里岗文化（距今约 2 万—1 万年），到新石器时代的彭头山文化（距今 9000—8300 年）、高庙文化（距今 7400—6800 年）、皂市下层文化（距今 7500—7000 年）、汤家岗文化（距今 6800—6300 年）、大溪文化（距今 6400—5300 年）、油子岭文化（距今 5500—5000 年）、屈家岭文化（距今 5000—4500 年）、石家河文化（距今 4500—4100 年）；从福岩洞遗址出土距今 12 万—8 万年的 47 枚具有完全现代人特征的人类牙齿化石，到玉蟾岩遗址发现距今 1.2 万年前的人类史上最早人工栽培的水稻；从城头山遗址构筑距今约 6000 年的“中国最早的城市”，到鸡叫城遗址建造距今 4700 年的中国最早最完整的超大型木构建筑……遍布三湘四水的大量史前遗存，具有完整的考古文化序列，不断生成湖湘文化基因，为湖南带来文明的曙光，让中华文明的天空闪耀着湖湘文化悠久、博厚的不灭光芒。

（一）跨越万年的稻作文化

明清时期的“湖广熟、天下足”谚语，流传至今。目前，湖南仍是全国稻谷核心产区，水稻种植面积、双季稻面积、早稻产量均在全国首屈一指。湖南的水稻生产何以长期领先全国？其中的奥妙，少不了湖南深厚的稻作文化底蕴。旧石器时代与新时期时代湖南星罗棋布的文化遗址，不仅揭开了湖南上万年的稻作文化面纱，也破译了湖湘文明起源的密码。

玉蟾岩遗址的水稻遗迹　玉蟾岩遗址，俗称“蛤蟆洞”，位于湖南省道县西北16公里的寿雁镇白石寨村，是一处文化性质单纯、文化内涵丰富的史前洞穴遗址。1993年、1995年，湖南省文物考古研究所先后两次对玉蟾岩进行了考古发掘，玉蟾岩遗址被誉为“天下稻源，神州陶祖”。玉蟾岩遗址还出土了世界上最早的人工栽培古稻谷标本和中国已知最早的陶制品，还有打制石器和骨、角、牙、蚌制品及大量的水、陆生动物遗骸。2021年7月11日，玉蟾岩遗址入选“庆祝中国考古百年”湖南省十大考古发现；同年10月18日，玉蟾岩遗址被评为“百年百大考古发现”。

玉蟾岩遗址出土的古稻谷，是一种兼有野生稻、籼稻的综合特征的古栽培稻，定名为“玉蟾岩古栽培稻”，比印度人工栽培水稻的历史早5000年。玉蟾岩古栽培稻不仅将人类栽培稻的起源时间上溯到1.2万年前，地点圈定在了南岭北麓山间盆地，而且揭开了水稻驯化的历史进程，南方稻作农业的曙光悄然来临，湖南农耕文化的大幕即将拉开。

澧阳平原的稻作农业　从野生水稻的驯化到稻作农业的成型，是一个以千年为时间评量单位的漫长过程，我们不知道这期间经历了多少的挫败与波折。但考古上能看到的是，从9000多年前开始，澧阳平原上的先民已开始广泛种植水稻，作为他们最主要的食物来源，形成湖南稻作农业区。

澧阳平原位于洞庭湖西北岸的澧水中下游地区，地处武陵山脉的东北边缘，西、南、北三面环山，南临澧水，东向洞庭湖敞开，涵盖澧县、临澧县大部分和津市市、安乡县、石门县少部分地区，被确认为世界水稻的最早起源地。澧阳平原史前文化遗迹400余处，分布之密集，演变之连续，形态之多样，在全国都极为罕见，尤以彭头山遗址、城头山古文化遗址、鸡叫城遗址等为代表的几处全国重点文物保护单位最为引人注目。

在距今约9000年的彭头山遗址，以渔猎采集为生的远古先民，在他们“广谱”的食物采集对象中注意到一种神奇的禾本科植物，其成熟周期短，且果实易储存，可用以应对采猎资源淡季的食物危机。他们尝试着干涉、控制这一植物的生命过程，以获得一种稳定的食物资源。这就是今天全球超过一半人口赖以为生的水稻的驯化，它使远古先民们的生业经济开始从自然攫取型向生产型转变。在彭头山文化八十垱遗址深达 5 米的水沼下，于面积不到 1 平方米的区域内，出土了数以万计的稻谷，充分展现了这里原始稻作农业发展中的规模，进一步从根本上改变了中国水稻从国外引进的观点，由此确立了长江中游地区在中国稻作农业起源与发展中的历史地位。

以鸡叫城为中心的澧阳平原聚落分布图（采自郭伟民《新石器时代澧阳平原汉东地区的文化和社会》）

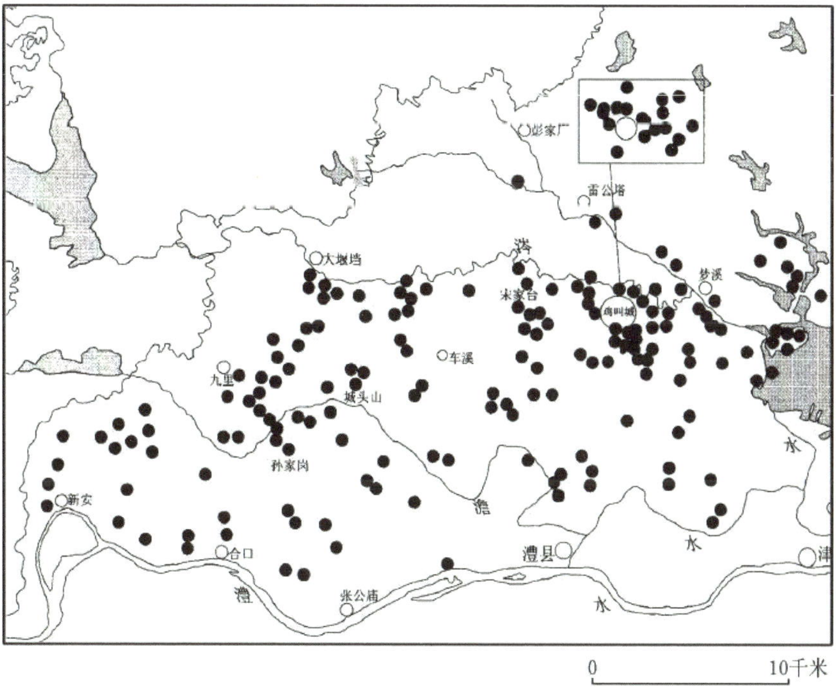

距离城头山遗址 1 公里处，发现距今约 8000 年的人工栽培稻。城头山古文化遗址发掘出三丘古稻田，稻田西边的原生土上，有人工开凿的水塘、水沟等初步配套的灌溉设施，距今约 6000—6600 年，这是现存灌溉设施完备的世界最早的水稻田。城头山古水稻田的发现，代表了长江流域新石器时代古文明的发展高度，对研究长江流域文明因素的形成、世界稻作农业的兴起和发展等具有重要的学术价值，并驳斥了“中国水稻是由南亚传来的”这一传统观点。

澧阳平原的稻作农业发展至距今6500年前后的汤家岗文化时期，已走向成熟，城头山遗址东部所揭示出的这一时期的稻田，不仅出现分畦，在稻田边上还有储水坑与集水沟等灌溉设施，整体除规模较小之外，其他与近现代稻田已无大的本质差别。得益于稻作农业的发展，澧阳平原的人类社会这时迎来了跨越式巨变。

鸡叫城二重环壕以外的西北地区发现的古稻田，年代为石家河文化时期，已经揭露出的水稻田至少有 100 平方米，有数层水田叠压，疑似有犁痕、足印。鸡叫城的古稻田分布于鸡叫城遗址二重环壕与三重环壕之间，古稻田还用平行水渠分出空间，且以水系连通，形成了完整的灌溉系统。与此同时，考古工作者在城中发掘出谷糠层堆积，面积约 80 平方米、平均厚约 0.15 米。根据测算，产生这些谷糠的稻谷重量达 22 吨。如果按照一日两餐、每餐 3 两米饭的标准，大约可供1000 个成年人吃46 天。另外，考古人员还发现了炭化粟，并在灰坑、壕沟和文化层中采集了大量土样，筛选出了桃、葡萄、猕猴桃、栎果、紫苏、花椒等植物。出土植物说明鸡叫城的先民除了种植水稻外，还种植粟来作为农作物的补充，同时还在遗址内、外采集野果作为补充。此外，鸡叫城先民还进行渔猎活动，以获取肉食资源，由此可以看出当时鸡叫城先民的食物非常丰盛。谷糠、犁痕、足印、古稻田的发现表明，4000多年前，鸡叫城的稻作农业已经高度发达，稻作水平已经相当高超，甚至能够供养大量人口。

人类在驯化水稻的同时，也在为水稻所驯化。因为稻作，人类从呼啸山林的游猎群团转变为固守农田的定居农人；因为稻作所需的精细化管理和在低洼泽地环境定居所需的聚落管建与长期维护，人群内部的协作被强化；同时也因为稻作农业单位面积食物产出增加所带来的人口密度增加，使人群规模扩大，用以协调社群内部人际关系的机制也应运而生。人类社会自此开始变得复杂起来，稻作与定居是这个复杂化的起点。随着生产的进一步发展，这种复杂程度与日俱增，量变的积累最终将引发质变，这就是文明的起源。澧阳平原的稻作农业区不仅是长江流域乃至中国南方古老文化的发祥地，也是中国原始文化发展水平最高的地区之一。以澧阳平原为中心的稻作农业文化，辐射湘、资、沅、澧四水流域，形成湖湘农耕文化的早期形态。

（二）南方农耕“古国”画卷

随着稻作农业的发展，澧阳平原上的湖南先民从渔猎时代步入农耕时代，开始进行大规模农田水利建设，形成趋向稳定的定居生活方式，出现因农业生产而聚居的环壕聚落、由环壕聚落发展成的城壕聚落，开启了中国南方的农耕“古国”篇章。澧阳平原上迭兴的文化中心城头山、鸡叫城、孙家岗，徐徐展开南方农耕“古国”画卷。西周以来，长期被视为蛮荒之地的湖南，经过几代学人的考古实证，如今被确认为中华文明的最早源头之一。

彭头山的聚落　在湖南澧县县城西北的彭头山遗址，考古人员捕捉到了9000年前人类的生活轨迹，发现了新石器时代人类最早的聚落。也就是说，9000年前，先祖们从山上走到山下，告别了阴暗潮湿的洞穴，开始在广袤的澧阳平原上聚居，过上了日出而作、日落而息的农耕生活。也正因为历史积淀如此深厚，又离我们这样近，彭头山遗址才成为长江流域最早的新石器时代文化的标志。

城头山的古城　在5000多年的中华文明史上，城市化的浪潮风起云涌，其文明的轨迹，最初可以追溯至澧阳平原上的城头山。

自1979年发现以来，1991年至2011年，由湖南省考古所主持，澧县进行了13次考古发掘，发掘面积近9000平方米，出土古城遗址、氏族墓葬、大型祭坛、灌溉设施完备的水稻田等大批珍贵文物共16000余件。2001年，被评为“中国20世纪100项考古大发现”之一，镌刻到“中华世纪坛”的青铜甬道上。

位于澧阳平原西部的城头山古文化遗址，因其位于高岗之上，不虞水患，同时其东南方向又有大面积的低洼泽地，可充分发展稻作农业，聚落得以长期稳定地发展。长期稳定发展所积累的财富需要得到更好的保护，因此在距今6300年前后，一座外带宽大陆深壕沟的高耸城墙在聚落外围被修建起来，这是中国目前发现的最早的城，它刺破了东亚大陆的亘古蛮荒，迎来东方文明的第一缕曙光。

遗址中保存较好、规格较高、规模较大的有三座屈家岭文化时期的房址，集中分布在城址中心附近。它们均筑有四面坡下的黄土台基，而后再在台基面上挖基槽，修整居住面，然后起建，平面形状为方形或长方形。一座是小型排房，中间为走廊，两边对称分布小房间，单个居室面积仅3—5平方米，表明已有分室而居的现象；一座是套房，前为餐厅，后为有四个连体灶的厨房；另一座是大型殿堂式建筑，室内面积达到63平方米，专家推定或为祖庙。房屋因使用功能不同而出现结构上的分化，是这一时期房屋建筑的一大特点。在城南壕沟淤泥中，出土了稻、瓜等170多种人工种植和野生植物籽及猪、羊、狗、鹿等20多种家养和野生动物骨骸，其时间超过了1974年在浙江发现的河姆渡遗址。

澧县城头山古城
复原模型

站在城头山古城遗迹前，仿佛置身原始先民采集、渔猎、种植的场景中，远去的人间烟火跃然眼前。圆形的城墙内，居住、丧葬、祭祀、制陶等功能分区秩序井然。居住区各种木骨泥墙，顶覆茅草的房屋错落有致；墓地里，王的丧葬仪式之隆重与随葬品之丰富已远超聚落普通成员，彰显着贫富分化的程度；城中心集中数座陶窑的制陶区由专业的制陶人每天炼泥制坯，烧制各种陶器，陶窑间终日火光熊熊，浓烟升腾；城东部紧临城墙的土筑祭坛上，定期举行整个聚落的集体祭祀活动，青烟直上九天，以悦天神，兽骨、粮食和破碎的祭器则被埋入大地，以享地祇。

城头山古城遗址的发现，表明长江流域也是中华文明的摇篮。在城头山古城未确证之前，中国已知最早的一座城为仰韶文化晚期筑造的河南郑州西山古城，距今约 5300 年。从规模、从功能、从工程规划施工来看，城头山古城遗址已经属于“城”的范畴，曾为统领一方的政治中心，考古学家苏秉琦先生将它认定为“古国”。可以说，城头山古文化遗址代表了长江流域新石器时代古文明的发展高度，对研究人类文明的起源、早期城池的建立以及阶级、国家的产生具有重要意义。

鸡叫城的演变　城头山最早的城壕虽然与周边普通聚落区分开来，但这时还找不到城头山与周边普通聚落间存在控制依附关系的证据。变化集中显现于距今 4700 年前后，当圆形的城头山古城走向废弃的时候，澧阳平原的东部新崛起一座 15 万平米左右的方形城址——鸡叫城。

西南距城头山遗址 13 公里的地方，曾是一片湖沼，后来湖沼逐渐成陆，更多先民来此定居，开沟排涝，围堤造田，一个以稻作农业经济为基础的“古国”鸡叫城在澧阳平原冉冉升起。至今对遗址展开的持续发掘研究工作，基本明确了鸡叫城遗址聚落连续演变的历史进程：最初的彭头山文化、大溪文化时期，其本体为普通聚落；油子岭文化时期，成为环壕聚落；屈家岭文化时期，开始筑城；石家河、肖家屋脊文化时期，形成了由城址本体、城外三重环壕体系、城外聚落及灌溉稻田的格局。

鸡叫城外有护城河，护城河外有两重环壕，更外围则是分布面积近 8 平方公里的网状水系。多重环壕和网状沟渠系统，是为大规模稻作农业服务的一项大型水利工程，30 多个小聚落就分布在这些水系之间，形成一个以城址为中心的聚落集群。这些小聚落与中心城共享着这一项水利工程的便利，同时也接受着中心城的领导。于中心城址而言，外围水网所达之处，皆为自己可控。

鸡叫城城内，古国的统治阶层驱使民力从远处山上开采巨木，依水运进城内，建起了高大的木构建筑，此建筑的布局是规规整整的长方形，五开间七室，面积达 420 平方米，加上回廊面积达 630 平方米。F63 建筑的木柱极为考究且形状多样，以直径约 0.5 米的半圆形大木柱为主。在该建筑的顶上，当可俯瞰城周围网状水系间众多的附属聚落与片片稻田。丰收时节，各聚落会驾舟将收获的稻谷运到城内统一储藏加工，在城西北部留下大面积厚厚的稻壳堆积。这是目前考古发现的中国最早、最完整的木结构建筑基础，其体量大、结构规整、基础保存完好，为中国考古百年首次发现，填补了中国史前建筑的空白，丰富了中国土木建筑史的内容，为了解长江流域史前建筑形式与技术提供了重要资料。

鸡叫城遗址是澧阳平原文化中心向东转移的结果，再现了距今 4700 年前后澧阳平原上原始“古国”的恢宏气象。但是，同时期的长江中游已是城址林立，鸡叫城无论是面积、规模还是文化内涵，都已泯然于众城之中，而更大、更强的位于湖北省天门市的石家河古城则是其面积的10倍左右。相较于澧阳平原，江汉平原范围更广、视野更开阔、区域更开放，更容易接受来自其他区域的文化的交流融合，因此在后续的发展进程中，澧阳平原已不再是长江中游文化的中心。

孙家岗上的华夏浪潮 距今4000年前后，中国最早的王朝国家——夏初，在黄河中游一带孕育诞生，同时在包括黄河与长江流域在内的广大空间范围内，掀起了一股华夏化的浪潮。这一时期的澧阳平原，城头山的城墙与鸡叫城的河网都已走向废弃，孙家岗这个新的聚落在平原西缘近武

孙家岗遗址出土玉器
獠牙神面玉牌饰

陵山余脉处崛起。

孙家岗遗址位于湖南省常德市澧县大坪乡大杨村一处台地上，东北距城头山遗址 4 公里，属澧阳平原中西部地带，是目前发现的澧阳平原后石家河文化时期面积最大的遗址，也是洞庭湖地区目前可确认的唯一一处以肖家屋脊文化堆积为主体，且规模较大的新石器时代末期至夏代早期遗址。可见澧阳平原石家河文化中心经历了从城头山—鸡叫城—孙家岗的迁移。湖南地区的后石家河文化，从孙家岗遗址出土遗物来看，与七星墩遗址一样，保留了较多石家河文化晚期的遗存，受中原王湾三期文化的冲击要明显小得多。后石家河文化之后的遗存，江汉平原以荆南寺为代表的二里头文化并没有进入湖南，在湘西泸溪下湾遗址，发现有来自三峡地区三星堆文化的灯形器与更多的后石家河文化时期的典型器共存的现象。说明尽管时代已经进入了夏代纪年，但其文化主体仍是两湖地区本土文化的延续。这一现象尤为值得注意，也许，夏灭三苗以后，所谓的“迁三苗于三危”，这里才是迁徙地之一。或者在北方文化强大攻击面前，他们主动进入湘西大山之中，一如高庙文化的创造者一样，选择了这样一处世外桃源安居乐业。

孙家岗遗址考古发掘揭示出一大批层位关系明确的建筑遗迹，发现了环壕、墓葬区、建筑台基和大型壕沟等遗迹与功能区。遗址中由环壕所围绕的生活区，其北部地势较低的部位是普通聚落居民居住生活的区域，而南部地势较高的区域，或为氏族公共活动区，或为聚落上层阶层的居住生活区。考古学家首次在居住区成系统地揭露出一批早至石家河文化时期的遗存，其中包括房址和坑、沟类形迹，以及丰富的陶器标本。居住区内立柱式和土坯墙式两种形式的多间房屋长排建筑并行，它们都修建于高于地面的土筑台基之上。整个居住区的房屋建筑可区分为南北两大片，每一片皆以一座四连间带廊道的建筑为中心。

无独有偶，孙家岗遗址墓地在空间上也可分为南北二区，狭长的长方形土坑墓遵照墓主在民族内的血缘关系，一列列排布整齐。墓底有一些象征着财富的罐、盆等盛储类陶器，随葬的还有亡者日常所用的杯、盘、壶等小型而精美的饮食类陶器及生前所拥有的佩玉。随着对墓地南区现存墓葬的完全揭露，发现其普遍存在一种“垫器葬”的独特葬式，出土的一批陶器与玉器，确认了孙家岗遗址主体造存的时代与考古学文化类型，即为肖家屋脊文化孙家岗类型遗存。玉器的流行是这一时期最大的特征，最具特色的是一批或虚幻或现实的动物造型纹样玉（牌）佩饰，如透雕龙、凤佩，阳线雕刻的牙神面牌饰，还有蝉、鹰、虎、蛙等造型纹饰。玉器之外，这一时期的陶器中出现大量与黄河流域同时期文化相类或相同的器形特征，如广肩罐、浅盘长杯豆、短颈篡等，彰显着华夏化的浪潮已波及洞庭平原西北这一隅。

（三）有凤来仪

步入农耕时代，湖湘先民在创造物质文明的同时，精神信仰也随之形成。各种造型的陶器，以及陶器上的各类纹饰图案，印证着湖南先民对于宇宙、人生的认识方式和程度，为湖湘文化的形成和发展积淀了深厚底蕴。玉蟾岩遗址的原始陶片、彭头山遗址的各色陶器，透露湖南从旧石器时代向新石器时代转变的文化信息。“凤凰于飞，翙翙其羽。有凤来仪兮，见则天下安宁。”凤凰神鸟“降临”高庙，舞动出足以媲美世界任何史前文明的湖湘文明风采。

高庙遗址位于湖南洪江市安江镇（原黔阳县县城）东北约 5 公里的岔头乡岩里村，地处沅水北岸的一级台地上，分布面积约 3 万平方米，为一坝丘遗址。遗址可分为下部遗存和上部遗存。下部遗存与皂市下层文化的中晚期年代相当（距今约 7400 年），出土有相当数量的白陶器、釜、罐、钵等，器物造型奇特，很少带有附耳。

高庙遗址陶器等的纹饰以戳印笔点凤鸟纹、兽面纹最具特色。上部遗存与大溪文化的年代相当（距今约 6400—5300 年），与大溪文化有一定的联系，但泥质陶很少，平底器和三足器几乎不见；纹饰以

高庙獠牙神面

戳印纹和凸点纹为主；釜、罐类陶器仍保留着曲颈的传统作风，因此被有关学者分别命名“高庙下层文化”和“高庙上层文化”。

高庙文化早期遗存中出土陶器上的凤鸟多为刻画的并列鸟头，兽面则为兽头的正面图像，八角星象则悬在天空，无论从它们的构图和制作技术都非常简单原始，其所处年代据此期遗存中陶器的基本特点，可初步判断为约距今 7800 年。与之宗教活动密切相关的发现则是刻有以凤鸟、獠牙兽和太阳纹、八角星纹为题材的图像的各类陶器。这些图像均用简单的戳印篦点连缀而成，且其中的部分图像被涂上朱红或黑色的矿物颜料，这些图像中的獠牙兽长有双羽，凤鸟载着太阳或八角星象，它们均属于超自然的物像。参照该遗址中大型祭祀场所的发现，可确认这些饰有上述图像的陶器属于祭器的性质，它们在高庙文化的鼎盛期（大体在距今 7400—7100 年）最为发达，且其构图和制作技术尽管简单但仍显得相当娴熟。这些祭器出于年代如此古老的时期，为追溯我国史前宗教艺术的起源翻开了新的篇章。

獠牙兽面纹在河姆渡文化、良渚文化和夏商文物中都有出现，但都比高庙遗址晚了几千年。最为奇特的是，两只凤凰的食囊部位戳印有獠牙、吐舌的兽面纹，并画有复杂的祭祀礼仪，证明了当时已经出现了“复杂的礼仪中心”。凤凰、兽面、獠牙的构图方式被专家称为“獠牙农神像”，而这“獠牙农神像”的构图模式，影响波及了全中国的农耕地区，如良渚文化、大汶口—龙山文化、仰韶文化、三星堆青铜文化、新干青铜文化等，无一不是对高庙“獠牙农神像”构图模式的继承与发展。今天在五溪地区少数民族用于祭神仪式的傩面具图案，其中兽面獠牙的构图方式竟然与 7000 多年前的“獠牙农神像”惊人的相似，可见古老的习俗仍保留在该地。凤凰是传说中的神鸟，具有图腾意蕴。史界及考古界一直公认，河姆渡遗址发现的“双鸟朝阳”象牙雕刻，是我国最早的“凤凰图腾”。而高庙遗址出土的白色陶罐，其颈部和肩部各戳印有东方神鸟（包括兽面、太阳）图案，一只朝向正面，一只侧面回首。经鉴定，沅水凤凰早于河姆渡凤凰400年。“太阳崇拜”是远古先人追求天人合一的又一种精神情结。2005年4月，高庙遗址挖掘出“太阳”彩陶，已历7400余岁，为新石器早期陶工艺品。附着于高庙陶上的兽面纹，较之辽宁同门

高庙文化
白陶亚腰罐

家族，早了足足上千年。

高庙文化先民初创了中国古代最早的完整神系，创造了供神灵上下天庭的神山和“建木”天梯。屈原《九歌》里呼唤的天地众神和祭祀并非他的虚构，在距今近8000年的高庙文化里都能找到出处。他们发明了白陶等一套用于礼神的祭器，发明了象征太阳历的八角星图像，初创了天圆地方的宇宙观。

高庙文化另一重大发现是出土了目前所见年代最早的白陶制品。高庙文化所处的沅水中上游地区很可能是我国白陶的最初发源地。揭示了高庙上层遗存中的部落首领夫妻并穴墓等一大批重要遗迹。高庙文化遗址远古部落首领夫妻墓中的玉璜、玉玦、玉钺等精美玉器，其精湛的钻孔技术让人叹为观止。那座7400年前的女墓中，陪葬有象牙玉器等饰物，而查遍怀化古籍，却均无“有象有玉”记载。当时似已懂得与周边以至更远地方互通有无。这种一夫一妻墓的出现比大汶口等地的约早2500年，表明了父系氏族的出现时间。此外，高庙遗址大部分地层中均出土了堆积如山的淡水螺、贝壳和鹿、猪、麂、牛、熊、象、貘（下层）以及犀牛等各种水、陆生动物骨骸数十种，非常直观地表达了当时人类获得食物的主要手段和来源，是以渔猎与采集为主的攫取式经济方式。其中的部分猪牙床骨经鉴定已属被驯养的家猪，表明当地在距今将近8000年的时期已出现了动物的驯养业。遗址中还有一个竹篾垫子。篾片之薄，与现在的同类物品没有视觉上的差别。经测定，篾垫比良渚文化遗址发现的竹制品要早2000余年，乃全国已知最早的竹工艺品。

高庙文化创造了以对称的神鸟图案为特征的纹饰，堪称史前中国艺术史上最复杂、最具抽象美感的刻纹陶画，他与同时期贾湖文化的骨笛，一个在音乐史，一个在美术史，堪称双星闪耀。高庙文化遗址表现了怀化地区在7000年以前高度发达的古代文明，其宗教文化、白陶、手工艺品等在全国的领先地位。尤其是凤凰、饕餮、八角形、太阳纹等组成的综合图案是华夏宗教文化之源。尽管精美的刻纹白陶器在中华文明历史长河里突然消失，在后起的汤家岗文化中，也只能看到一丝文化的残留，但作为文化整体，高庙文化挥挥手，只留下一只神鸟的风采。这只绘于白陶祭器上的神鸟随着高庙文化跨越时空传播。距今6800—6300年左右，沅湘白陶在江浙皖沪普遍发育。浙江河姆渡遗址出土的陶器和辰溪松溪口同组器物如同孪生兄弟。在纵向的时间长河里，龙和凤（神鸟）合作，充当与天地神灵沟通的媒介，这种信仰系统从高庙文化经河姆渡文化、良渚文化一直传承发展到商代都未曾改变。高庙文化在华夏大地上跨越时空的传播，是基于其有延续性强、稳定性好且有唯一性的凤鸟为神徽的“文化基因”。

高庙文化为一经产生，便以强大的力量向外辐射，影响之广，南到珠三角地区，东到江浙沿海，西到三峡巴蜀，北至关中，覆盖了大半个中国。高庙文化发明的太阳、兽面獠牙、凤鸟、八角星图像纹饰，不仅传遍了大半个中国，成为中国图像艺术的基本素材，也成为中国精神文化观念与信仰的基础。高庙文化白陶的传播被誉为史前中国第一次艺术浪潮。学界每每谈及良渚、三星堆，甚至商周青铜时代，其艺术图像的母题，精神文化的滋养，都无法回避湖南史前的文化创造。

▲ 高庙文化 凤鸟载日图

▼ 金沙遗址 太阳神鸟金箔

兽面獠牙最先出现于高庙文化，后来在良渚文化中出现，然后复兴于肖家屋脊文化，并流行于商周青铜文化中。凤鸟图像同样最先出现于高庙文化。凤鸟载日图是高庙文化千家坪遗址、下湾遗址白陶上主要的装饰，其流传到千里之外的淮安黄岗遗址，似乎也流传到数千年之后的成都金沙遗址。金沙遗址出土的太阳神鸟金箔，或许就是来自高庙文化的凤鸟载日图。虽然目前还无法完全证实这些均来自高庙文化，也还没有更多的证据来重建这个传播链，但文化传播与交流所引发的“浪潮”最先发生于高庙文化却是不争的事实。学界多认为，中国早期的宇宙观念、神话传说和艺术形式的发祥地是在长江流域，而表现最充分的是史前湖南地区。中国早期文化中的太阳崇拜思想、神祇形象和组合形式，有可能起源于湖南地区。这些信仰与观念是长江流域早期文化和中国早期文化一体化的表现。中国上古时期广大范围内形成的包括太阳崇拜在内的宇宙观念、哲学思想和艺术形式，是中国古代王朝和统一帝国形成的思想基础。

二

古史传说　文明之源

湖湘文明是源远流长博大精深中华文明的重要组成部分。湖湘文化构建过程中，一直有两个文化源头，一个是本土文化的源头，另一个则是南下的中原文化。上古帝王中，传说炎帝、舜帝曾先后南下，去世后埋葬在湖南，并且他们在湖南的陵墓得到封建王朝诏书肯定。因此，在中国文化史上，湖南一直具有浓厚的炎帝、舜帝文化氛围。生活在湖南境内的三苗族与中原部族有不同的文化，其人神杂糅的传统以及交通天地的观念在湖南地区影响深远，湖南在先秦以来一直以崇信鬼神、祭祀频繁而著称，正契合了三苗遗风。远古时期的战争与民族迁徙代表了中原文化对湖南文化的冲击，也开辟了两者大规模交流、融合的前景。湖南文化能撷南北文化之长，既拥有中原文化的顽强坚毅和现实价值取向，又有南方文化的灵性飘逸与浪漫激情，在湖南地区远古传说所体现的南北交流与融合中已能寻觅到渊源。

（一）炎帝与农耕文化

炎帝是传说中上古时代的强大部族首领，与黄帝一同被尊为中华民族的人文始祖。他们同出自少典氏，曾联合擒杀蚩尤。但在战胜蚩尤后，炎黄两族的和平共处并没有维持多久。阪泉之战，炎帝被黄帝战败，炎帝族部分成员被迫向南迁移，黄帝追逐征讨。《史记·五帝本纪》记载：黄帝征天下不顺者，“南至于江，登熊湘”。“江”指长江，“湘”即湘山，已经在洞庭湖区。由于黄帝族的威胁排挤，炎帝族部分成员只得越过洞庭湖进一步南迁，从而进入湖南内地。晋皇甫谧执笔的《帝王世纪》记载：炎帝神农氏“立一百二十年而崩，葬长沙”，这是能见到的对炎帝安葬信息的最早记载。而在湖南各地留有的众多炎帝传说和遗迹中，最著名的就是位于湖南炎陵县鹿原陂的炎帝陵。

炎帝陵　湖南炎帝陵被誉为“神州第一陵”，唐朝已经得到官方奉祀，宋代以后更受朝廷重视。宋太祖乾德四年（966）为上古帝王陵立庙，诏禁樵采，设置守陵户，令地方长官定期祭祀，以诏令的形式认定了“炎帝葬长沙”。湖南炎帝陵当时属衡州茶陵县管辖，但在

湖南炎帝陵

汉晋时期，这里是长沙国和长沙郡的辖地。宋以后，元、明、清各代对炎帝陵的祭祀、修葺从未间断。有史记载，北宋官祭炎帝陵 50 余次，明代 15 次，清代达 38 次。每次官祭都会刻碑文昭于世人。如今，湖南炎帝陵园内的碑廊里，还陈列着 56 块御碑，都是明清两代皇帝遣官祭祖后留下来的。新中国成立后，党和政府对湖南炎帝陵的关心有目共睹。1986 年，时任中共中央总书记胡耀邦为炎帝陵题写墓碑“炎帝神农氏之墓”。1993 年，时任中共中央总书记、国家主席江泽民为炎帝陵题写陵款“炎帝陵”。由湖南省人民政府正式举行的炎帝陵公祭活动，亦在 20 世纪 90 年代后持续举行。现在湖南炎帝陵已成为世界华人寻根谒祖的圣地，炎帝陵祭典也已成为传承炎黄文化、凝聚民族情感的重要载体。

神农崇拜　炎帝在中华文明历史的建构中居于重要地位，他既是中华民族的祖先，也被认为是远古农业的始祖，在历史文献中常称作“炎帝神农氏”。不过，炎帝与神农在先秦文献中是两个时代相异、文化特征完全不同的传说人物，神农是比“五帝”更早的“三皇”时代的人物，体现的是远古农耕文明产生时期的特点，而不是引领部族成员争霸的政治领袖。神农崇拜是长江流域地域文化的产物。《孟子》记载：战国中期农家学派代表人物许行假托神农之言立说，他曾从楚地进入滕国，在滕国过着自食其力的农耕生活。“炎帝神农”合称是南方农神崇拜与北方的英雄崇拜的结合，其成型已经是西汉时期的事。

长江流域、黄河流域都是农耕文明产生的摇篮。玉蟾岩遗址先后两次发现 1 万年以前的古栽培稻谷，彭头山文化八十垱遗址出土了距今约 8000 年的数以万计的稻谷。如此之多的稻谷不可能是散落于河沼中的，唯一的可能是祭祀行为所导致。八十垱先民向水中抛撒稻谷，目的是祈求风调雨顺，农作丰收，这或许可以视为神农文化的湖湘之源。

与神农的结合极大丰富了炎帝文化的内涵。炎帝神农开辟了农耕时代，他发明耒耜、教民农作的传说，在湖南尤其广为流传。湖南耒阳是炎帝神农创“耒”之地，《衡湘稽古》记载，炎帝命赤制氏“作耒耜于郴州耒山”，《明一统志》说“耒水出郴州之耒山”，耒山、耒水因传说炎帝在此制作耒耜而得名。《衡湘稽古》又记载：“炎帝之世，天降嘉种，帝拾之，因以教耕，以其地为禾仓。后置县，因名嘉禾。”这是说湖南嘉禾县是炎帝发现嘉种，并最初开始教民耕作的地方，这里的嘉禾应该是指水稻。炎帝神农代表着极富创新精神的先祖英雄。传说中炎帝不仅发明耒耜，种植五谷，是农业之祖，而且遍尝百草，解民病痛，是医药之祖；以日中为市，互通有无，是商贸之祖；教民麻桑，以为布帛，是制衣之祖；削桐为琴，结丝为弦，是音乐之祖；烧作陶器，改善饮食，是制陶之祖。

神农崇拜的湖湘之源，体现了湖南地域文化对中华文化建构的历史影响。而炎帝精神与品质对湖湘大地同样影响深远。《吕氏春秋》说神农氏“身亲耕，妻亲绩，所以见致民利也”，他发明耒耜、遍尝百草、提倡物质交换都是为了解决民生最基本的需求，这种大公无私、一心为民的奉献精神与湖湘士人“心系天下，敢为人先”的秉性及强烈的忧患意识是一脉相传的。两宋以后，朝廷对湖南炎帝陵的肯定并定期组织祭祀，进一步推动了湖湘文化的建构与发展。炎帝陵祭祀增强了湖湘士大夫树立道统为核心的文化自信。

（二）舜帝南巡与道德文化

舜帝又称虞舜，是上古五帝之一，以德政孝行著称。他与尧帝统治时期是先秦诸子心目中的理想社会，被称为“尧天舜日”。在中华文明形成发展的历史进程中，炎帝创立的农耕文化、黄帝创立的政体文化、舜帝创立的道德文化，是三座不朽丰碑。舜帝“年二十以孝闻”，他创立的以孝为核心的道德思想，奠定了中国古代伦理道德基础。舜帝施行德政，《史记·五帝本纪》称：“天下明德皆自虞帝始。”他的德政实践，使其成为儒家为政以德的典范，内圣外王的楷模。《礼记·中庸》说：“舜其大孝也与！德为圣人，尊为天子，富有四海之内。宗庙飨之，子孙保之。故大德必得其位，必得其禄。”在儒家圣王体系中，能将内圣外王之道贯彻始终，以德政平治天下者，当以舜为首。作为重要的文化符号，舜实实在在地影响了中华文明数千年。以“虞廷心传”即“人心惟危，道心惟微，惟精惟一，允执厥中”为内核的舜文化，始终是中华文明演进的源头活水，舜帝的人文精神在中华民族多元一体格局形成与发展过程中发挥着强大的凝聚力。

舜帝陵　传说舜帝晚年不顾年老体弱，南巡安抚各族百姓，“崩

 帛书《地形图》

于苍梧之野，葬于江南九嶷”。长沙马王堆西汉墓出土汉初《长沙国南部地形图》（后简称《地形图》），在九嶷山南侧画有一处建筑，由九条柱形构成，中间有高度不等的尖顶，柱状物旁边标有“帝舜”二字。根据该地图的标示，湖南文物工作者按图索骥地对湖南九嶷山一带进行了主动勘探和发掘。在九嶷山玉琯岩西南面，距宁远县城32公里，与上述《地形图》标注地点相差无几的位置，果然发现一处古建筑遗址。遗址的上部年代是北宋，与史籍记载宋初敕修九嶷山舜庙相合。宁远舜帝庙遗址是目前考古发掘证实的时代最早的舜帝陵庙，建筑面积达到32000多平方米，发现了仪门、拜亭、寝殿部分建筑遗存，以及暗含祭祀对象的“舜”字头祭器。在发掘区下部堆积中，考古工作者又发现了汉代祭祀坑和不晚于东汉早期的大型建筑遗迹，这些汉代遗迹显然能与马王堆《地形图》的舜庙联系起来。

湖南九嶷山舜陵的祭祀是历代朝廷庄严的国家重大活动之一。相传禹建夏后，南巡到衡山，曾筑台祭舜。《大清一统志》记载：“禹南巡至衡山，筑紫金台，望九嶷山而祭舜。”正史中，秦始皇、汉武帝均曾望祭九嶷山舜帝。《史记·秦始皇本纪》记载：三十七年（前210）始皇出游，“十一月，行至云梦，望祀虞舜于九嶷山”。《汉书·武帝纪》记载：元封五年（前106），武帝“南巡狩，至于盛唐（在南郡），望祀虞舜于九嶷”。唐玄宗曾遣名相张九龄赴九嶷山祭舜，宋太祖乾德年间敕令九嶷山舜庙每三年一祭。洪武三年（1370），朱元璋遣使走访察看舜帝陵庙，绘九嶷山舜陵图。第二年，朱元璋遣翰林院编修雷燧到九嶷山舜帝陵，并将舜帝陵庙从玉琯岩迁至舜源峰下。

整个明代，皇帝遣使到九嶷山祭舜达15次。清代从顺治八年（1651）开始到光绪三十一年（1905），所有皇帝都曾遣使到九嶷山祭舜，共达44次。

舜文化 九嶷山舜陵是湖湘之地的重要文化地标。舜帝是夏朝以前的中原地区首领，舜帝陵却出现在南方蛮越之地，与舜化南国的传说有关。传说尧舜禹时期，中原部族与南方的三苗多次发生冲突。但与尧、禹不同，舜对三苗主张怀柔招抚，施以文德。《吕氏春秋》记载："三苗不服，禹请攻之。舜曰：'以德可也。'行德三年，而三苗服。"舜帝因此深得南方民众推崇和认同。自古至今，九嶷山舜陵都是湖湘儿女祭礼舜帝，表彰其道德文化的地方。舜文化对湖湘文化的建构影响深远。历代湖湘学人常将舜帝来湖南与传道联系起来。黄表卿《九疑山赋》强调湖湘士人"有舜江则可浣可漱，有舜坛则可攀可跻"，认为舜帝在湖湘留下的遗迹具有"立本"的文化意义。清代湖湘学人何绍基《舜陵》诗有"初致山祇效玉琯，遂使苗民格干羽。山国俗不隔时代，二三千载犹父祖。至今春秋肃祀享，尚盛遗风献歌舞"，认为尽管湖南有自己的风俗传统，但舜帝所代表的道德文化亦已扎根于湖湘大地。

舜文化的传入，丰富了湖湘文化的内涵。而由于舜帝陵落户湖南，舜文化也受到湖湘文化影响。从传世典籍看，舜帝的传说同尧的传说一样，最初主要为政治传说，以选贤、禅让和战争为其主要内容。但在后来的传承中，人性化的内容趋向浓厚。帝尧二女娥皇、女英成为屈原笔下的湘水之神，与帝舜之间演化出感人泣下的爱情传说，《列

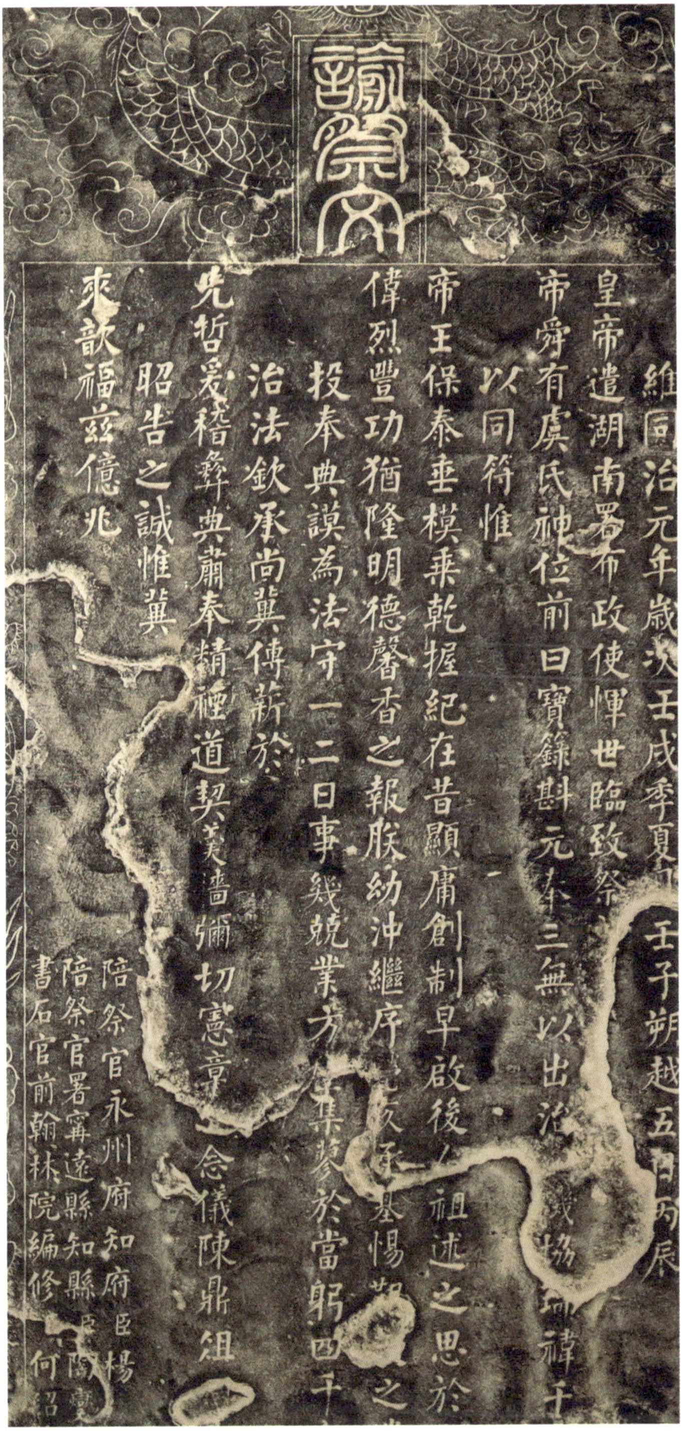

何绍基 撰书《御制祭告舜陵碑》

女传》卷一《母仪传·有虞二妃》即选此为开篇。在湖湘民间宗教中，不仅舜妃逐渐演变成沅湘地区的湘水神，舜帝同样充满神性。湖湘民众祭祀舜帝，常常与祈雨、消灾的民间宗教活动连为一体。唐柳宗元任永州司马期间，曾亲自主持舜庙祈晴仪式，并撰《舜庙祈晴》文。而舜帝的神化又进一步促进了其民间信仰化。明赵有德《观瑶女歌舞》诗说："长腰小鼓合笙簧，黄蜡梳头竹板妆。虞帝祠前歌舞罢，口中犹自唱盘王。"盘王又称盘瓠，是湖南苗、瑶少数民族崇拜的祖宗神。明代湖南瑶民一边祭祀舜帝，一边唱盘王歌，将舜帝祭祀纳入瑶族的祭祀仪式与文化生活之中，反映的是舜文化民间化所带来的成效。

（三）三苗传说与民族文化

三苗是尧、舜、禹时期活跃于中国南方的部族集团，主要活动在江汉平原和洞庭、鄱阳湖之间，即今湖北、湖南、江西三省之地。湖湘地区“信鬼而好祀”的风习可以追溯到三苗文化，湖南人“吃得苦，霸得蛮”的精神特质也可以追溯到三苗文化。

禹征三苗　《史记·五帝本纪》记载：“三苗在江淮荆州数为乱。”以尧、舜、禹为首的中原部族与三苗的战争，是我国上古时期继黄帝、炎帝与蚩尤之间战争之后的另一场部族之间的大战。这场战争从尧在位晚期开始，到禹在位期间结束，历时长久。《尚书》等古籍中多次提到“有苗弗率”“苗民逆命”“有苗氏负固不服”，正是由于三苗族狂傲、强悍的性格气质，他们与中原部族间的战争不仅历时长久，而且异常激烈与残酷。

绝地天通　《尚书·吕刑》在“遏绝苗民，无世在下”后面接着说，“乃命重黎，绝地天通，罔有降格”。三苗所用的是原始的巫教，或可以说是巫术。这与中原部族比较进步的，宗教性比较浓厚的巫教有显著不同。三苗“民神杂糅”，神可以上天下地，每个人也可以自行往来于天地之间。中原部族也崇拜上天神灵，但不许一般身份的人随意登天。所以，在征服三苗后“乃命重黎，绝地天通”。“绝地天通”，实际上是一次重大的宗教改革，一般人不得再施交通人神的巫术，神事官办。对神权的垄断，意味着统治者把持着指向苍天和大地的通道，从而积聚与巩固其权力。

周朝的变革，使北方社会脱离了蒙昧的原始宗教文化，标志着由神巫时代向人文时代的过渡，也标志着以神为中心的巫文化被以人为中心的史文化所替代。但湖湘地区却与这次变革擦身而过。三苗地区由于民神杂糅的阶段延续得更长，人、自然、宗教团体更多的是在一种原始的状态下得以相互交流的，与天对话并不属于特权，因此上层统治者倡导的变革较难改变人们普遍迷信鬼神的文化心理。

苗蛮文化　三苗的族源比较复杂，但在先秦至秦汉的历史文献中常常与东夷集团的蚩尤、九黎联系在一起。相传蚩尤被黄帝战败后，九黎部族大部分成员退出黄河流域，辗转进入包括湖南在内的长江中游地区，并成为三苗的主要源头。但九黎部族南下时也在不断吸收南方本土文化，三苗文化已经是不同于原来九黎文化的新文化类型。由于三苗与南蛮间有着族裔关系和文化传统的内在联系，又可以统称其文化为“苗蛮文化”。苗蛮文化是楚文化南下前的湖南地区本土文化，常被视为湖湘文化构建过程中的本土源头。相对于南下中原文化对湖湘地区观念形态、学术思想、文化教育、文学艺术、宗教信仰等精英文化产生的深远影响，苗蛮文化对湖湘文化的构建更多地体现在民俗文化层面，包括民间习俗、民间文艺、社会风习、性格特征等等。

三

青铜文明　殷风楚韵

湖南地区农耕文明的起步相当早，不仅带动了整个长江中游区域文明，对于中华文明起源与发展也有重要贡献。但进入新石器时代末期后，由于黄河流域文明发展得更快更成熟，中原文明自北向南的影响成为地域文化交流的主流。商代早期，已有中原人越过长江，到达石门皂市。晚期，殷人的一些支系和氏族又因战乱，南下进入湘水、资水中下游。殷人带来先进的青铜铸造技术，开启了湖南的青铜时代。楚国势力不断强大，在湖南的治理范围从春秋早期的洞庭湖南岸，到晚期扩大到湘中、湘南地区。楚人与原住民相互融合，大量融汇苗蛮文化，逐步孕育出独特的湘楚文化。

（一）青铜文化

商周时期湖南地区的文化，因其出土大量的青铜器，故可以称之为青铜文化。这些出土的青铜器，有一部分表现为中原商文化的风格，但大多是湖南本地铸造的。这些青铜器造型简洁，种类丰富，纹饰古朴典雅，器物优美雄奇，显示出高超的铸造技艺，客观反映了先楚时代湖南土著居民和族群的生产生活状况及其文化面貌，使早期的湖湘文化光彩夺目。

湖南是南方发现商周青铜器最多的省份之一，尤其以湘江下游的宁乡出土最为集中。从 20 世纪 30 年代开始，在长沙市宁乡县陆续出土了三四百件青铜器，这些青铜器从器型、艺术、价值等方面来说，都完全可以媲美殷墟出土的青铜器，以及三星堆出土的文物。由于宁乡是湖南出土商周铜器数量最多、种类最齐全、分布最集中的地区，而且宁乡出土的商周铜器风格较独特，学界一般用“宁乡青铜器群”来统称湖南出土青铜器。根据史料记载和传统观点，湖南在商周时期还是蛮荒之地，为何能出土数量众多、造型精美且工艺不逊色于中原的青铜器，考古学界曾称之为“宁乡青铜器之谜”。21 世纪初，考古

皿方罍

工作者在对宁乡黄材镇炭河里遗址的发掘过程中，发现了大型黄土台及其上的大型建筑遗迹和居住址、城墙、壕沟，城址始建时代在商末周初。宁乡黄材镇是四羊方尊、人面方鼎、大铜铙等重器的出土地，学者推测，炭河里的居民就是宁乡出土青铜器的主人，宁乡青铜器群是商末周初殷遗民及江汉地区地方势力受周人所迫集中南迁时带来和来本地后铸造的。

受中原地区商文化向南传播的影响，湖南的古代先民在商代前中期已经学会青铜铸造。皿方罍器形、纹饰、铭文完全属殷墟风格，应该就是中原地区铸造的。皿是商周时期的重要氏族，1977 年陕西陇县发现的皿氏族人的青铜簋，年代与皿方罍相同。不过，皿方罍的颜色黑亮，是所谓的“黑漆古”，它需要在酸性土壤中埋藏千年以上才能形成，这与中原青铜器在碱性土壤中所形成的颜色不同，显然是商人南迁时就已经被带入湖南。以商末周初殷遗民的南迁为契机，湖南本土青铜铸造技术迅速提升，并形成了自己的文化特色。

现藏湖南博物院的皿方罍是商代晚期青铜器，器盖、器身分别铸有“皿而全作父己尊彝”“皿作父己尊彝”铭文。皿方罍器形硕大，雄浑庄重，其雕刻集立雕、浮雕、线雕于一身，富丽堂皇，反映了中国青铜器铸造鼎盛时期的高超技艺和摄人心魄的气势，被誉为“方罍之王”。皿方罍 1919 年在湖南省桃源县漆河镇出土，但此后身盖分离，器身流失海外，漂流辗转，至 2014 年方回归国内，与器盖在湖南完成合体。皿方罍的含义早已经超越其本身，它时刻警醒着中华儿女，也展示着当代中国的盛世自信。

湖南青铜文化的独特风格，首先是青铜器造型中对人与现实动物的模仿。现藏湖南博物院的人面方鼎，器腹四面各高浮雕出形象相同的人面，口内壁铸“大禾”铭文。人面阔嘴高鼻，神态肃穆，两侧有一对大耳。商周青铜器常以兽面作主题纹饰，此鼎是目前所见唯一以人面为饰的青铜鼎。湖南青铜器的动物题材有羊、虎、猪、牛、马、鸟、龟、蜥蜴、水蛇、蜈蚣等。

四羊方尊是我国现存最大的商代青铜器方尊，被称为“臻于极致的青铜典范”，是顶级国宝。方尊肩部四隅置四个立体的

大禾人面纹方鼎

四羊方尊

卷角羊头，腹部由羊腹合成，圈足上浮雕八只羊腿。四羊方尊造型雄奇，将器物与动物形态融为一体，显示出高超的工艺技巧和艺术构思。

现藏于日本京都泉屋博古馆和法国巴黎赛努奇博物馆的两件虎食人卣，相传出土于宁乡。整器为踞坐虎形，其大口张开，口下一人蹲坐虎前，虎前爪环抱人腰，人双脚踩在虎后爪上，双手搭于虎肩，立意奇特。

湖南博物院藏湘潭出土猪尊为野公猪形状，双眼直视，獠牙外露，两耳竖立，四肢粗壮，尾下垂。以野猪作为器物形制，在现有的商周青铜器中仅此一例。这些动物形青铜器，风格写实，仿生程度均超出了殷墟青铜礼器。

以大型铜铙为代表的青铜乐器相当丰富，也是湖南青铜文化的特色。铙是我国现存最古老的打击乐器，最早见于中原地区商代晚期前段，但中原的商代铜铙体形很小，适宜人一手持之另一手敲击，应是传世文献记载的执钟。目前大铙仅在长江以南地区出土，以湖南湘江流域为中心。现藏于长沙博物馆，出土于宁乡黄材镇转耳仑山腰的象纹大铙，通高 103.5 厘米，重 221.5 公斤，是目前所见商周铜铙中体量最大的，被誉为“铙王”。湖南出土其他不少铙重量在七八十公斤左右，小的也有二三十公斤，与中原的商代小铙总体特征上差别巨大。目前湖南出土的青铜乐器数量已近 150 件，其中铙 72 件、镈 29 件、甬钟 42 件、磬 2 件。就各类器物出土数量在全部同类器中所占比例而言，湖南无疑独占鳌头。而中原周文化的传统礼器鼎、簋、壶、盉、盘、匜等组合器类除鼎外，其他基本不见或少见，商文化传统的觚、爵、斝、尊、罍、瓿等在本地也极少铸造。

与中原地区的商代小铙均出土于高级贵族墓葬中不同，湖南青铜大铙大多出土于河畔、山腰，说明这些铜铙很可能是当时祭祀天地日月、山川湖泊等自然神灵的遗物。大铜饶形体巨大，发出的声音雄浑有力，人们希望铜饶巨大的声音能够通过那朝天空敞开的大口上达天庭与自然中的诸神灵。青铜大铙等高大厚重乐器的制作和使用，显示出湖南先民不同于中原文化的宗教信仰。这与中原文化主要信奉祖先神，多用青铜容器呈献牺牲、五谷、酒醴的礼仪形式有别，湖南先民以敬自然神为主。

湖南出土的那些突出动物造型和动物装饰的青铜器，显然也蕴含着独特的宗教信仰。从宗教礼仪情感而言，仿生性礼器所呈现出的是一种更为原始而炽热的情感。湖南先民的青铜铸造技术与将其用于礼仪与祭祀的观念虽来源于中原，但湖南青铜器的自身风格揭示出，正是中原文化与本土文化的相互碰撞，成就了湖南青铜器的精彩。

（二）楚帛书

1949年以来，湖南出土大批写有楚文字的帛书帛画，还出土了中国最早的用于书写帛书的毛笔。楚帛书画作为楚文化的重要组成部分，其产生和发展与湖湘地区的历史文化背景密切相关。在先秦时期，湖南地区属于楚国的势力范围，楚文化对当地文化产生了深远的影响，楚帛书画所表现的内容涉及神话、宗教、日常生活等方面，这些内容与湖湘地区的文化传统和思想观念相契合，反映了湖湘地区的历史文化、宗教信仰和社会生活等方面的情况。

楚文化是春秋战国时期南方地区最具代表性的地域文化，湖南也是楚文化的重要分布区，在历史文献中被称为“南楚”。楚文化是一种交互文化的产物，楚国先民最初生活在黄河流域的中原地区，南迁过程中，在中原礼乐文化的基础上，不断吸收、融合南蛮之地的土著文化，而逐渐带上了地域文化的色彩。由于楚国将湖南纳入其版图更晚一些，故而湖南地区所形成的楚文化，包含着更多的湖南土著的苗蛮文化。春秋战国前，湖南地区的土著民族大都信奉原始宗教，崇拜各种祖先之神和自然之神。楚人南下后，带来了楚人的宗教信仰、神话传说。这两种原始宗教、神话互相影响，融合在一起，构成了春秋战国时期湖南具有特色的宗教和神话，在长沙子弹库出土的楚帛书中得到充分体现。

新中国成立前在长沙东郊子弹库（今长沙市识字岭附近）战国墓发现的楚帛书，是目前出土最早的古代帛书，面世后几度周折、数易其主，现藏于美国华盛顿赛克勒美术馆。这是一幅略呈长方形（47 厘米

长沙子弹库战国墓出土楚帛书（摹本）

×38.7 厘米）的丝织物，文字墨书，图像彩绘。东、南、西、北四边环绕绘有春、夏、秋、冬四季十二月的彩色神像，并附有“题记”。在四边所画神像的中心，写有两篇配合的文章，全文 900 多字。饶宗颐将八行文、十三行文及周边文字分别命名为甲篇、乙篇、丙篇。甲篇讲宇宙、四时的形成，乙篇内容为天文、星占，重点强调顺令敬岁的重要性，丙篇为每月吉凶宜忌，简述了十二个月中百姓应做以及不可以或不适宜做的事项，内容丰富，对战国时期思想文化有重要的研究价值。

楚帛书创世神话详细讲述了时空、天地、四时、日月星辰、万物等的生成关系，比之前人简单猜测天地起源的片言只语，显然有很大进步。它的出现，标志着中国古代宇宙演化思想已经由简单的观念上升到了较为系统的论述。

中国有关上古的传世典籍中，较完整的创世神话只有盘古开天的故事。长沙子弹库楚帛书的出土，使得中国的创世神话研究有了极大突破。楚帛书甲篇描述整个宇宙的形成及其秩序的确立过程，是一个包括了原创世和再创世的完整创世神话。它由三个章节符号分隔成三个自然段落，而这三段文字讲述的正好是三个不同的神话阶段。首先是雹戏、女皇（娲）凿开混沌、开辟天地，并令禹、万“咎天止□”，四神“止以为岁”，初步建立了宇宙的秩序。接着是千百年后宇宙秩序破坏，炎帝、祝融遣四神奠三天、四极，并由帝俊负责日月的正常运行，从而恢复了宇宙的正常秩序。最后是共工推步十日四时，确立岁时，使得宇宙秩序进一步精密化。

帛书在创世的三个阶段分别突出雹戏、炎帝、祝融、共工，显示出浓厚的楚文化色彩。帛书称雹戏为大熊氏。而熊为楚王氏姓，楚先世季连之子封于熊，其孙遂名穴熊。楚之先人除穴熊、鬻熊外，其后皆称为熊某。因此雹戏神号为“大熊”，在身份上代表着的是楚人祖先。在战国以降的五行说中，炎帝、祝融均是代表南方的主神，祝融还是楚人公认的先祖，《国语·郑语》记载周太史伯明确说芈姓楚人是“祝融八姓”之一。在楚人的神话世系中，炎帝、祝融、共工一脉相承。帛书中提到的禹为夏族祖神，所以，这一神话也在一定程度上融入了中原文化的因素。

楚帛书的宇宙生成模式，蕴含了中原文化中的阴阳五行观念。帛书记载雹戏与女皇（娲）结为夫妇，生下四时之神，并共同完成了开辟天地、奠定宇宙秩序的工程，其思维意义即为阴阳交泰、化育万物。帛书中雹戏所生四子青□干、朱□单、□黄难、□墨干，就是帛书周边所绘十二月神像中的司春、司夏、司秋、司冬四神。这种四时之神、四方、四色相配合的系统，无疑贯穿着早期五行说思想的影响，并表明了五行与四时的相配。而四神用以奠定四极的正是具有五色的青木、赤木、黄木、白木、墨木之精。青、赤、黄、白、黑代表木、火、土、金、水，这里采取的是五行相生的次第。

楚帛书十二月神形象，直观反映了战国时期湖南地区神祇巫鬼谲怪迷离的一面。李学勤在《简帛佚籍与学术史》中有对十二月神状貌的描述，每个形象都由两种或两种以上的不同形象元素复合而成，具有动物合体或人兽合体的特征，如蛙蛇复合、吐舌长角、三首一身等状。

通过将现实物象夸张变形后再作超现实的组合，来表现超自然的神异力量，正是湘楚文化鬼神世界的主要特征。

楚帛书图文并茂，堪称我国古代书画艺术相结合的滥觞之作。帛书上的十二神像均以墨线勾轮廓，然后平涂以青、棕、朱、白、黑等色。边角的四株树分别为青、朱、白、黑，也是先墨勾后施色，运笔轻盈自如。十二神灵姿态各异，或立或卧，或奔走或跳跃，个个栩栩如生。帛书四周所画的树木，随物赋形，繁枝摇曳，写气图貌，茂叶婆娑，可谓用笔之工、描绘之细，分毫不爽。

（三）楚帛画

帛画是中国古代独有的绘画形式，因画在帛上而得名。在造纸术发明之前，帛是与简牍并行的书写材料，同时也是绘画的材料。在帛上用笔墨和色彩描绘人物、走兽、飞鸟及神灵、异兽等形象的图画，约兴起于战国时期，至西汉发展到高峰。湖南长沙迄今发现的两幅楚帛画和楚帛书插图，是目前所见最早以毛笔在帛上作画的实物。

与楚帛书同出于长沙子弹库楚墓的《人物御龙帛画》以及出土于长沙陈家大山楚墓的《人物龙凤帛画》，则是中国迄今发现最早的完整的独幅绘画实物。两幅帛画均表现“引魂升天”的主题，在丝帛材料上用毛笔勾线画成。这两件作品基本具备了中国传统绘画的要素和特征，可以说是中国传统绘画的鼻祖，在中国绘画发展史上具有里程碑的意义。

《人物龙凤帛画》，中央是一位侧立向左的贵族妇女，头后挽有一垂髻，并系有饰物，身着绣有凤纹的细腰宽袖长袍，双手合十，神态虔敬。根据当时楚国的习俗并结合文物考证，这是一幅为死者祈天求佑的具有丰富含义的绘画作品。在妇人之上绘的龙凤，寓示着死者

人物龙凤帛画

随龙凤所引升天时情形。腾空而起的龙、凤均有一种向上的动势，而下方的侧立人物则反映出一种跟随的特征。

《人物御龙帛画》，中心绘一有胡须的男子，侧身直立，身着长袍，头戴高冠，腰佩长剑，手执缰绳，驾驭着一巨龙。龙头高昂，身平伏呈舟形，两肢奋力搏击，做升腾状。翘起的龙尾上立一似鹭的大鸟，细足长颈，仰头背对乘龙男子。画中人物上方有一舆盖，三条飘带随风拂动。在中国传统文化中“龙”是通天地之灵物，它可以载人或神上天或遨游太空。这虽是一种幻想，但都反映出中华民族的先民们征服自然的浪漫主义气质。这幅帛画反映出湖南先民们对人死后灵魂不灭，乘龙天游或乘龙升天的一种愿望。画中男子高冠岌岌，长剑陆离，而白鹭象征着男子的人格风范，同时白鹭又是传说中仙境之物。整幅帛画呈现出男子走完了尘世之历程，踏上天游之行。

两幅帛画均靠单一的线条勾勒具体形象，仅在局部渲染或施色。为了内容表现和形式塑造的需要，帛画采用了不同的线描技法。《人物龙凤帛画》以勾线和平涂相结合，线条刚劲古拙。为了增强画面的丰富性，龙身、凤腿、衣裙的袖口、领口以及长裙都采用了平涂的手法，以便与线条造型的留白形成对比。《人物御龙帛画》则以浓淡和粗细相结合，线条洒脱自如、刚劲挺拔，充满张力。施色以平涂为主，但可看出已开始出现渲染技法。从两幅帛画来看，在战国时期，我国以线条为主要造型手段的绘画技法，已日臻成熟。

这两幅画中的人物形貌都力求写实。有关典籍曾记录先秦肖像画创作的史实，两幅帛画可以说为此提供了例证。考古证明子弹库墓主

人物御龙帛画

为40岁左右男性，头骨与画中人物头部特征相似。再联系西汉长沙马王堆帛画中主人公与女性墓主的关系，一般认为两幅帛画中的人物都是墓主肖像。两幅画的布局，均为上下相适，构图平稳，而主次分明。画的主体是人物，居于主要位置，形体需要高大，造型应予突出。龙、凤、鸟等则居于陪衬地位，布置画面边侧，避免喧宾夺主，掩盖主题。画中的人物形象刻画十分细腻逼真，基本比例匀称，以侧面造型体现所绘人物的头部特征，通过面部即可体察出人物的年龄、身份以及气质，基本上具备了人物肖像画的特征。

帛画是一种观念形态艺术，在本质上和别的艺术一样，反映着一定的社会生活。这两幅“引魂升天”的帛画是专用于丧葬的，俗称为“幡”。湖南先民相信灵魂是永生的，死只是灵魂脱离了躯壳，进入了另一个世界，山川、草木、鸟兽等亦皆有灵。帛画所描绘的实际上也是灵魂出窍、精神自由飞升的艺术。帛画对于虚幻的神奇事物具有艺术的想象力，把龙凤的形象刻画得神奇而引人入胜，并使它们与写实的人物和鱼鸟融为一体。在这种神异和真实交织的图景中，即便人物形象是采用写实手法描述的，也仿佛如腾云驾雾一般，飘飘欲仙，就像庄子《逍遥游》中描述的“乘天地之正，而御六气之辩，以游无穷”。与先秦湖南其他美术作品形象一样，帛画充满了无拘无束的艺术想象。

（四）屈原行吟

屈原是战国时期楚国诗人、政治家，一生经历了楚威王、楚怀王、顷襄王三个时期，此时湖湘地区成为繁衍楚文化的重要区域。屈原晚年被流放到湖湘大地，行吟于沅湘之间，创作了具有湖湘地域特色的《离骚》《九歌》《天问》等作品，完美地将中原道德文化与沅湘巫楚文化相结合，形成浪漫主义文学艺术的表达方式，屈原以自己独特的艺术创造与深刻思想，推动了湖湘文化与中国文化的多元融合与历史建构。

屈原流放湖湘期间正是中国即将实现大一统的前夕，“横则秦帝，纵则楚王”。屈原出身贵族，又明于治乱，娴于辞令，故而早年深受怀王宠信，位为左徒、三闾大夫。屈原为实现楚国的统一大业，对内积极辅佐怀王变法图强，对外坚决主张联齐抗秦，使楚国一度出现一个国富兵强、威震诸侯的局面。但是由于在内政外交上与楚国贵族集团发生了尖锐矛盾，屈原后来遭到群小的诬陷和怀王的疏远。楚怀王二十五年（前 304）秦楚黄棘会盟，楚国彻底投入秦的怀抱。屈原竭力反对无效，反而遭到流放。楚怀王三十年（前 299），屈原再次被

清 陈撰《屈原图》

流放江南，辗转流离于沅湘之间。楚顷襄王二十一年（前278）秦将白起攻破郢都，屈原悲愤难抑，遂自沉汨罗江，以身殉捍卫自己的政治理想。

屈原是中华民族一位伟大的文学家。他创作的《楚辞》，打破了《诗经》以后两三个世纪的沉寂而在诗坛大放异彩。后人也因此将《诗经》与《楚辞》并称为“风骚”。风指《国风》，代表《诗经》，充满着现实主义精神；骚指《离骚》，代表《楚辞》，充满着浪漫主义气息，两者都是中国文学的源头。屈原是在晚年流放湖南的，他最成熟的作品《离骚》，代表他最浓烈、最悲愤真实性情的《九章》（包括《惜诵》《涉江》《哀郢》《抽思》《怀沙》《思美人》《惜往日》《橘颂》《悲回风》）中的大部分，以及《九歌》十一篇等，都是诗人流寓沅湘时期的作品。在这些作品中，屈原大量糅合神话故事、历史传说、现实事件和自然物象，借助不受现实束缚、超越时空限制的新奇奔放的艺术想象而作变化多端的艺术表现，从而构成了神奇瑰丽的艺术境界。屈原借助祭歌、神话进行诗歌创作，将自然物人格化，将自己追求的美好理想融入其中，使得其作品具有一种人神杂糅的混沌之美。这种改造将楚辞从民间推向文人创作，同时也是造成楚辞超越现实、奇文郁起的主要原因。楚辞的出现开拓了我国古代的诗歌形式，发展了诗歌的表现手法。屈原以前的诗歌，大多是短篇，而屈原将其发展成熔叙事、说理、抒情于一炉的鸿篇巨制。相对于《诗经》而言，不仅增加了字数，更重要的是所带的语助词在句中调节音节，使诗歌的节奏韵律或活泼明快，或柔曼婉转而富有变化，并且形成了自由、奔放的诗歌语言，增加了诗歌表情达意的能力。在表现手法上，《楚辞》继承了《诗经》的赋比兴，但将比兴融合为一体，并发挥应用达到了极致。屈原在他的作品中往往寄情于物，托物寓情，使主观之情与客观之物融为一体，创造出许多富于象征意味的艺术形象。

屈原作品更大的成就，或许是在于成功塑造了一位活跃在中国人心中的不朽典型，这就是诗人的自我形象。在屈原的作品里，我们看到了诗人的人格、品德、理想、追求以及他一生的生活道路。屈原对楚国怀有“深固难徙”的钟爱，有一种超乎寻常的深沉眷恋情绪。虽遭谗被疏，甚至被流放，仍始终以祖国的兴亡为念；明知面临着许多危险，在楚材晋用的时代，却始终不肯离开楚国一步。屈原关心百姓疾苦，“长太息以掩涕兮，哀民生之多艰”，表现出了对民众怀有一种常人所没有的责任感，是他以民为本思想的完美体现。屈原对理想、对真理、对美政的追求执着不懈，不屈不挠。从政期间，他坚持举贤授能、修明法度等美政思想，“虽九死而犹未悔”。遭到流放后，仍以“路曼曼其修远兮，吾将上下而求索”明志，鼓励自己。他在《天问》中连续向苍天提出了 170 多个问题，表现了对传统观念的大胆怀疑和追求真理的探索精神。屈原追求完美人格，重视后天修养。他说过“民生各有所乐兮，余独好修以为常”，这种修美不只限于外表的华丽，更在于内质的纯正。面对腐朽昏庸的朝廷官场，屈原不随波逐流，始终保持着世人皆浊我独清的理性，给后人留下了志洁行廉的光辉形象。

屈原的诗歌中充满了对楚国和人民的深情关怀，屈原的爱国主义精神主要体现在他对楚国统一的追求和对真理的坚持上，凝结为湖湘文化中的重要精神遗产。后世湖南许多思想家、政治家都以屈原为榜样，传承和发扬他的爱国精神和高尚品质。从汉魏到隋唐，远离中央王朝的湖南往往是失意文人的贬官、流寓之所。这些流寓湖湘的文人，其诗文似乎都贯穿了屈原奠定的贬谪文学传统，从忧愤、刚直的真情至性的表达，发展到永恒的生命意识和宇宙精神。曾国藩说屈原在湖南“为百代所祖”，湖南人自称“屈贾之乡”。屈原执着不舍的爱国精神、心忧天下的忧患意识、勇于求索的创新精神、自强不息的奋斗精神、独立不迁的人格境界、好修不懈的高洁品质，2000 多年来感动、激励着历代湖南人，对湖南民性民风和士人精神气质的塑造有着深远影响。可以说，屈原为湖南人树起了一道最鲜明甚至耀眼的精神标杆，铸就了湖湘文化的精神底色。

四

秦简汉墓　神州光芒

当历史的硝烟归于沉寂，古老的湖湘大地即将翻开崭新的一页，统一强盛的秦汉帝国奔腾而来。秦汉中央集权的国家建立后，在崭新的华夏版图之内不再有荆楚南蛮之属，湖南各族人民融入一个大一统的民族国家共同体之中，三湘大地成为中国内陆地区崛起的脊梁和沟通沿海的重要组成部分，湖南经济社会逐步获得新的发展，其水平同中原地区大体相近，社会生产力显著提高，封建经济、政治以及与其相应的文化的发展及其在各方面的成就都十分明显。在这里，自由浪漫的荆楚文化与明德尊礼的中原文化碰撞交融，宛如一股清泉，缓缓流淌于三湘四水之间；率真朴拙又满载传奇的湖湘故事一如点点繁星，闪耀在湖湘热土之上，迸发出耀眼的秦汉光芒。秦汉时期湖湘地区不但发展与变革，多民族国家视域下湖湘地区在政治、经济、文化、科技、医学、天文、地理等领域展现出耀眼的精神风貌和时代风采。湖湘文化与中原华夏文化及其他地域文化相互吸收与融合，在湖南开始形成与中华文化既有统一性和共性，又具地方特色的湖湘区域文化。

（一）连通南北

秦汉时期湖湘地区历经多年的发展与变革，多民族国家视域下湖湘地区在政治、经济、文化、科技、医学、天文、地理等领域展现出耀眼的精神风貌和时代风采。在崭新的华夏版图之内不再有荆楚南蛮之属，继之而来的是帝国域内簇新的湖湘郡国。在这里，自由浪漫的荆楚文化与明德尊礼的中原文化碰撞交融，宛如一股清泉，缓缓流淌于三湘四水之间；率真朴拙又满载传奇的湖湘故事一如点点繁星，闪耀在湖湘热土之上，迸发出耀眼的秦汉光芒。

灵渠沟通湘江与珠江水系　秦以前，因为南岭山脉的阻隔，早期湖湘文化与岭南文化的交流并不密切。湖湘地区作为楚国故地，在秦统一之后，开启了郡治新生。秦王朝在此设置黔中、长沙两郡，作为彼时帝国的南疆，扮演着拱卫中原腹地的职责。公元前 219 年，秦始皇为了进一步统一岭南地区的百越之地，先后发动了三次南征之战。在这三次战争中，湖湘地区都扮演着连接中原与前线重要的角色。秦军劳师远征，后勤补给严重不足，所需粮草只能依托湖湘地区进行转运。为了彻底解决运粮问题，秦始皇派遣史禄领兵在湘水和漓水之间

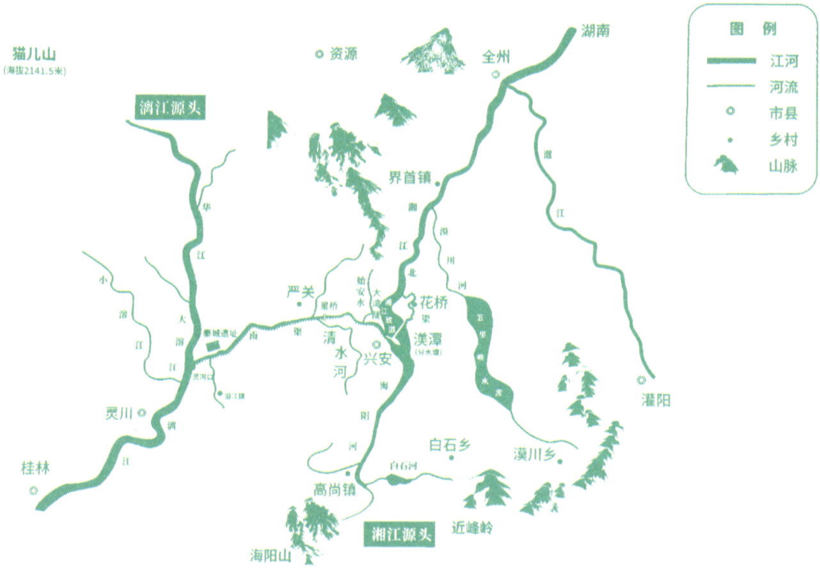

灵渠水系示意图

开始修筑灵渠，以连通长江和珠江水系，运粮漕船便可顺流南下，直达前线。灵渠修成后，秦军粮道全面开通，一举平定了岭南地区，中央在此设立南海、桂林及象郡等三郡，将其正式纳入秦帝国的版图。得益于灵渠的开凿，天堑变成通途，湘水与漓水之间再无地理阻隔，为深处内陆的湖湘地区开启了一扇向外沟通的大门，使之成为了连接岭南与中原地区商贸往来的交通要地。同时，也加速了湖湘地区融入国家政治经济版图的进程。伴随着秦军统一全国的脚步，这片古老的湖湘大地也将旧貌换新颜，去迎接新的使命与明天。

灵渠为开辟湘桂走廊之始。湖南境内，湘水、潇水流域的狭长平原南连湘桂走廊，是中原与岭南之间的交通要道。湘桂走廊，指的是南岭越城岭与海洋山之间的地段，是长江水系湘桂上游与珠江水系漓江上游最接近的地段，是中原内地通往岭南最便捷的孔道。湘桂走廊在整个中华民族发展史上具有重要地位与作用，它是一条便捷的地理交通要道、南北经济通道，同时也是军事战略要地、多元文化交会之地。

里耶秦简　秦始皇统一中国后，着手为帝国擘画新的蓝图，在政治、经济、文化等方面制定统一政策，有力地维护了尚在襁褓中的秦国。但是，秦朝的历史太过短暂，只有短短的 15 年。直到里耶秦简的发现，人们终于有机会重新凝视这段令人难忘的历史记忆。

里耶，一座寂寂无名的湘西边陲小镇，却以数万枚秦简的发现而名扬于世。2002 年 6 月，在湖南湘西土家族苗族自治州龙山县里耶镇一口古井中出土了 36000 余枚秦代简牍，2005 年 12 月又于古城遗址北护城壕 11 号坑中出土 51 枚简牍。学界把这两次发现的秦代简牍统称为“里耶秦简”。一枚枚满载秦朝笔墨的竹简重现世间，让我们得以在尺寸之间窥见历千年而不泯的风云尘烟。里耶秦简就像是山间飘过的一缕清风，吹散了遮蔽千年的云雾，一个崭新的秦朝大步走来。

里耶秦简作为秦代洞庭郡迁陵县官署遗留的公文档案，年代跨越秦始皇二十五年（前 222）至秦二世二年（前 208），涵盖了秦统一六国后的整个历史时期。里耶秦简数量庞大，总数超过 36000 枚，内容丰富，涉及当时社会的政治、经济、文化、军事、邮政、法律、天文历法等各个方面，反映了秦代湘楚、巴蜀、中原地区及各民族政治、经济、文化发展状况。

在里耶秦简中多次出现“洞庭”一词，如“迁陵洞庭”“迁陵洞庭郡”“迁陵以邮利足行洞庭”等等，初看“洞庭”最容易想到的自然是洞庭湖，作为湖湘地区重要的地理坐标直到今天依旧被大家所熟知。但这里的“洞庭”与“迁陵”同时出现，更有“洞庭郡”之名，因此这里讲的不会是洞庭湖；但是，在典籍记载中秦朝并没有设置洞庭郡的记载。如，在司马迁执笔的《史记》中曾明确讲到，秦始皇统一中国后，全国推行郡县制，天下分为三十六郡，没有洞庭郡之名。在班固《汉书》中同样也没有洞庭郡的记载。因此，里耶秦简中的“洞庭”是不是一个郡呢？还需要重新回到简牍中寻找答案。

直到里耶 9-7 号木牍的出现，一段被遗忘的历史就此揭开。公元前 213 年 4 月 6 日，迁陵县令昌接到一份上级公文，公文上说陕西阳陵县有 12 个平民欠官府的钱，现在他们都在洞庭郡服兵役，但是不知道他们驻守在洞庭郡下属的哪个县。所以阳陵司空请求洞庭尉下令，要求各县找到这些士兵，并追讨欠款。在县令昌接到的公文当中就有洞庭郡的明确记载，据此可知，在秦朝确有洞庭郡的存在。只是县令昌没有想到，后世会因为自己所批复的文书，唤醒了 2000 年前洞庭郡的历史记忆，让今天的人们可以重新认识这片湖湘大地。

这批简牍是 2000 多年前秦朝治下洞庭郡迁陵县的衙署档案。简文记载的时间跨度较长，几乎涵盖了整个秦朝的历史，其主要内容包括土地开垦、户口登记、田租赋税、劳役徭役、兵甲物资、仓储钱粮、邮驿管理、司法文书、刑徒管理等各种行政记录以及朝廷与各级官府政令的传达与执行等。所记之事也有大有小，大到中央的政令、行政区划的设置、官吏的任免以及军事物资的调配；小及村邑负责人里长、邮差的任免，村口渡船的添置，等等，可谓事无巨细，悉究本末，俨然一册册厚重的秦帝国实录，弥补了湖湘地区在秦朝时期的历史空白。

里耶秦简，均为毛笔墨书，材质大多为木质，极少数为竹质，形式多样。书体上，有小篆和隶书之分，小篆多书写于检、楬类标识牌上，字体华丽，笔画繁缛，或舒展流畅，或端庄典雅。而这一时期的隶书一般称之为秦隶或古隶，正处于篆书向隶书的发展过渡阶段，里耶秦简几乎都以隶书写就，书写认真，字迹工整。幅面较宽的木牍面上可见书写者于拘谨严肃中偶或体现出活泼灵动。

前文中提到，秦始皇统一文字，在全国推行小篆，自此，汉字在字形上实现了统一，中央政府颁布的政策法令得以在六国故地有效推行。但是，因小篆出现带来的字形统一，仅是“书同文”政策的一个方面；还有从用字出发，进行的“正用字”改革，即改用与秦文用字习惯相同的通假字，这一点在里耶秦简中有明确的记载。

里耶 8-461 号木牍就是以较为拙朴的篆书记录了文字字形和用法规范，例如，文中写道“西如故，更酒”，意思是将“酒”字从“西”字中分出，以后要表达酒时均用“酒”字，不再写作“西”字。又如“卿如故，更鄉”，意思是“公卿”之“卿”仍然照旧，而记录“鄉里”时不再用“卿”字，统一更用“鄉”字。又如“吏如故，更事”，意思是对常用的“吏”与“事”进行区分，记录“官吏”时仍用“吏字”，记录“事务”时改用“事”字。经过规范的文字，书写和传播起来更有效率，使中央的政令能通过公文，畅通地下达到各个郡县，也使更多人能够通过文字交流，获得知识和文化的传承。“书同文”成为了中华文明赓续几千年而始终文化一体的奥秘。

在上述几点之外，里耶秦简中还保存了发现时代较早的九九乘法口诀，是研究数学史的重要资料。

这批埋藏了 2200 多年的秦代简牍，数量大，保存好，记事详细，连续不断。而在此之前，中国古代正史中关于秦朝的记录不足千字。里耶秦简是极为重要的百科全书般的日志式实录，它是继兵马俑以后秦代考古的又一惊世发现，蕴涵着巨大的学术价值，更是湖湘文化的重要名片之一，2021 年里耶古城考古遗址入选“百年百大考古发现”名单，成为湖湘人的骄傲。

里耶秦简
《九九乘法表简》

（二）两姓长沙国

西汉长沙国是西汉时期湖南历史上出现的第一个诸侯封国。

西汉长沙国是湖南地区历史上一个重要的政治实体，对湖南乃至整个南方的历史进程产生了深远影响，它不仅促进了湖南地区的经济繁荣和文化发展，为湖湘文化的转型积累了丰富的历史文化遗产。西汉初年，郡国并行，湖湘之地为吴氏长沙国。据《汉书》载，汉高祖五年（前202），吴芮在亡秦灭楚战争中因功获封为长沙王，建都临湘（今长沙市），封疆“北濒汉水，南亘九疑（今九嶷山）”，成为汉帝国防御南越国的前哨。临湘城即成为历代长沙王的驻跸之所和长沙国的政治、军事、文化中心。自此，长沙由“楚南雄镇”发展为汉藩王都，长沙开始以“楚汉名城”显扬于世。

公元前157年，长沙王吴著去世，因无子而国除。公元前155年，汉景帝重置长沙国，封其庶子刘发为长沙王，仍以临湘为都，史称“刘氏长沙国”。刘氏长沙国正值中央政府大力削弱诸侯王国势力的时候，辖境大为缩小，分离出南部地区，设立桂阳、零陵二郡。同时，长沙王的地位、规模、仪制等都大大降低，原有的行政权、官吏任免权也都一一收回。此时的长沙国也同其他诸侯国一样，实际上就是汉朝廷直辖的一个郡，而长沙王“唯得衣食租税，不与政事”了。“刘氏长沙国”从刘发始封到刘舜被废，共传七代八王，历时 164 年，伴随西汉王朝灭亡而废除。东汉初期，光武帝刘秀曾短暂封刘舜之子刘兴为长沙王，后又降封为临湘侯。自此，湖湘地区王国不再，开启了长达 500 余年的郡治历史。

王陵墓　吴氏长沙国承袭秦代长沙郡和黔中郡辖境，南部与赵佗建立的南越国接壤，并常有战事发生。在吴氏长沙国时期，长沙国与汉朝中央实行相同的行政制度，所谓“制同中央”。王国内设有丞相，由朝廷直接委任。

2011 年，考古工作者在五一广场东牌楼发现了西汉临湘城城墙和护城河遗迹，并证实临湘城是在楚国长沙城的基础上加筑、拓宽而成。同样是在五一广场及其周边附近，考古工作者发现了大量西汉水井、井窖等城市遗迹。出土了丰富的日常生活用具、官署公文简牍以及建筑构件等遗物，表明西汉长沙官署区即在今五一广场区域。1973 年，马王堆三号墓出土的帛画《居葬图》中绘有城垣、宫殿和其他建筑。从城邑的规模来看，它极有可能就是轪侯家族居住的临湘城。

西汉长沙国王陵分布于湘江西岸沿江低矮的山丘和台地上，与临湘城隔江相望。目前发现的王陵有 20 余座，已发掘 5 座。在王陵区东侧临近湘江边上，筑有陵邑北津城，现存城墙遗迹约 1700 米，负责王陵的守护，这也是长沙国“宫室百官同制京师”制度的体现。陵邑之外，长沙国王陵还建有陵园、陵庙，设置有专人负责王陵的管理

帛画《居葬图》

和祭祀活动。

1993年，考古工作者在长沙市望城坡发掘一座西汉初期的大型竖穴岩坑墓。该墓规模庞大，采用黄肠题凑葬制，是已发掘西汉长沙国王陵中保存最为完好的长沙王室墓。该墓虽经汉、唐时期多次盗掘，仍出土金器、玉石器、漆木器等文物2000余件。根据部分器物上“渔阳”的题记，

西汉临湘城东城墙及护城河遗迹

结合其他相关材料，确定墓主为吴氏长沙国的某一代王后——渔阳王后。渔阳王后墓平面呈“甲”字形，主墓的东、西、南分布3个丛葬坑。墓室四周及顶、底部以白膏泥、木炭填充，用以密封和防潮。外椁室内分为前室、北藏室、南藏室、东藏室和内椁室五部分，各部分有门相通，这是对渔阳王后生前居所的模拟，是汉代事死如事生观念的真实写照。该墓工程浩大，墓室结构复杂，再现了西汉长沙国王室豪华的地下寝宫。

“长沙后府”封泥匣

渔阳王后墓出土文物十分丰富，部分漆器上针刻有“渔阳”题记，特别是“陛下赠物”与“王裞”木楬以及“长沙后府”封泥的发现，表明了墓主渔阳王后的身份。同时，从她去世后皇帝赠送大量随葬品这一情节分析，墓主与西汉皇室关系应该十分密切，可能是一位来自汉廷的公主。

马王堆汉墓　对于吴氏长沙国这段久远的历史，典籍所记仅寥寥数笔，难窥其一斑。1972 年，长沙马王堆汉墓的发现，唤活了这段隐匿于历史长河中的千年风华。马王堆二号墓出土“长沙丞相”“轪侯之印”及“利苍”三枚印章，厘清了马王堆汉墓三座墓葬是西汉早期轪侯利苍的家族墓地，其中二号墓墓主为轪侯利苍，一号墓墓主为其妻辛追夫人，三号墓墓主为利苍之子，或为嗣侯利豨，至此“马王堆”墓主谜团真相大白。

马王堆汉墓出土 13 万多字的帛书、简牍，均为战国至汉初的文献抄本，内容涉及哲学、政治、军事、天文、地理、医学、历史、艺术等诸领域，多为“焚书坑儒”幸存而后又失传的佚书。这批简帛反映了汉代贵族的知识结构和文化素养，也是研究秦汉文化思想、科技成就、书法艺术等的珍贵资料，更是秦汉时期湖湘文化的重要载体，对于推动中华文化的传承与发展具有重要意义。

马王堆汉墓出土的一些文物体现了西汉初年长沙国的家居生活。轪侯利苍一家生活在文景之治时期，财富殷实，并藏有来自各地乃至域外的象牙、玉石、珍珠、犀角、玳瑁等珍稀奇物，过着仆从成群、钟鸣鼎食的家居生活。但因汉文帝倡导薄葬，墓中少见金、铜等贵重

“轪侯之印”“利苍”及
“长沙丞相”三枚印章

金属器，金郢称、金饼、铜钱、铜编钟及象牙、犀角、玉璧、珍珠等物，均用陶、木质明器替代。但也足以折射出西汉初年王侯贵族们殷实的物质生活与多彩的精神生活，也从侧面反映出长沙国的经济繁荣与社会安定。

马王堆汉墓出土一件铜鼎，口径只有 6.5 厘米，显然非实用器，作明器之用。其余金属器具也都是尺寸不大的小件，如铜镜、铁环首刀、铜带钩、铜剑首、铜剑格等等。而象征财富的器物也基本都是明器代替，如陶质“郢称”“半两”“珠玑”，木质“玉璧”“象牙”“犀角”以及布帛的替代品“聂币”。这一现象的出现与汉初与民休息时代背

冠人俑

雕衣女侍俑

景息息相关，汉文帝曾立下遗诏：“治霸陵，皆以瓦器，不得以金银铜锡为饰，不治坟，欲为省，毋烦民。”

在古代“事死如事生”观念影响下，古人以俑代替人来作为陪葬品，木俑就是用来殉葬的木偶。马王堆三座墓葬共出土各类木俑300多件，其中“冠人俑”体形高大，头戴长冠，身穿长袍，鞋底刻有“冠人”。“冠”通“倌”，即内小臣，为墓主的贴身阉侍，众奴婢之长。“雕衣女侍俑”墨绘眉目、朱绘双唇，衣系雕刻。内着交领右衽长袍，外穿对襟长襦是身份地位较高的侍女形象。“彩绘木俑”数量最多，造型矮小，是轪侯家地位最低、从事各种杂役劳动的奴婢形象。一般着交领右衽、广袖曲裾长袍，两手垂拱于袖中。平头的似为男俑，头顶有发髻、髻顶或插竹签的应为女俑。

马王堆汉墓出土的T形帛画，源自神秘上古传说的众多祥瑞元素与天地人和谐共生的画面展现于丝帛之上，绘制出一幅瑰丽多彩的生动图景。帛画是丧葬仪式的重要组成部分，绘有死者画像，出殡时用竹竿悬挂，起引导作用，入葬时覆盖在内棺上。据墓中遣册记载，T形帛画名为“非衣”，“非”与“飞”相通，“非衣”即“飞衣”，意为愿墓主灵魂穿上非衣飞升，使墓主重生。帛画上宽下窄，用三块单层的棕色细绢拼成。画面内容从下到上可以分为地下、人间和天上三个部分。帛画布局完美、图像生动、色彩鲜艳，把神话、想象和现实生活完美统一，表现了古人对天国的想象和追求永生的幻想。正如《礼记·郊特牲》中说的“魂气归于天，形魄归于地”。T形帛画的存在，就是基于天地人三位一体的宇宙观的影响。古人的生死观表现为灵魂

马王堆一号墓T型帛画

不灭、超越死亡，他们向往的理想境界是“与天地兮同寿，与日月兮同光”。

先秦至汉代，席地起居形成的礼俗观念仍被沿袭。辛追夫人墓北边箱的器物陈设情形再现了墓主生前室内的陈设格局。室内正中为莞席，是古时室内铺地用的席子，日常起居中的必备用具。莞席右侧放置云纹漆凭几，是主人日常凭倚身体的家具。室内的云龙纹漆屏风，用作间隔或挡风之用。侍女会手持长柄竹扇侍立主人身侧，竹扇的主要用途是障蔽尘日，其次才是招风引凉。几案上还会放置彩绘陶熏炉，炉盘内有辛夷、茅香、高良姜和藁本等香料药物。使用时，将香料焚烧，罩以蒙有细绢的竹熏罩，缕缕清香透过细绢均匀散发，既可熏香衣物，又能祛除秽气，杀菌消毒，镇静安神。辛追夫人墓中出土的这组熏香用具是现存最早炉、罩成套出土的考古实物资料，也是西汉初年中医养生保健理念发展的实物见证。

先秦时期的乐舞多以祭祀祖先、天地和祈求风调雨顺为主，到了秦汉时期，国家统一，国力强盛，百姓得以休养生息，人们生活更加富足，开始追求精神生活的满足。轪侯府内也蓄养了一批能歌善舞及擅长乐器的艺人，用以宴会娱乐和招待宾客。辛追夫人墓中出土的奏乐歌舞俑，是目前所见最早的小乐队模型之一。歌俑、舞俑各有数件，歌俑头梳盘髻跽坐吟唱，舞俑着长袖衣站立起舞，是轪侯家歌舞升平的生活写照。此外，木编钟、木编磬、木筑、七弦琴、二十五弦瑟、竽、竽律管、竹笛等乐器的出土，生动反映出轪侯家钟鸣鼎食、富贵和乐的家居生活。

漆屏风

走马楼简牍　今天的长沙市五一广场周围是战国至明清时期历来的城市中心区域与官署所在地。自20世纪80年代以来，考古工作者陆续对五一广场东牌楼古井群进行考古发掘，先后发现自西汉至明清古井35口。经过发掘整理，一大批两汉至三国时期的官方简牍文书被呈现于世。其中，1996年发现了闻名于世的长沙走马楼吴简，是研究三国时期吴国社会、经济、

漆凭几

历史的宝贵资料。通过简文记述，我们仿佛回到了 2000 年前的那片湖湘热土，在沧桑巨变中，体会湖湘大地的历史演进；在怀古追今中，跟随前人的脚步，唤醒一段段尘封的古老往事。

2003 年在编号 J8 古井中发现了 2000 余枚西汉简牍，是第二代刘氏长沙王刘庸在位时期的官府文书档案。2004 年在编号 J7 古井中发现 206 枚东汉简牍，是东汉灵帝时期的官府文书档案。这两批汉代简牍一先一后，相互呼应，是研究湖湘地区由长沙藩国向王朝郡县发展变迁的历史见证，是研究两汉时期湖湘文化的重要实物资料。两汉简牍的发现，让我们在今天有幸翻阅这段2000年前长沙国的历史，找寻隐匿于典籍之外的长沙故事。

J8古井中出土的西汉简牍，学界称为走马楼西汉简，它的时间跨度不大，在公元前126年至前120年之间，是第二代刘氏长沙王刘庸在位时期的简牍文书。从内容上看，它们属于长沙国的官府文书档案，并以不同的文书形式反映了西汉中期汉武帝时代长沙国的方方面面。J8简文中出现的县名有临湘、临沩、临沅、长赖、昭陵、

奏乐俑一组

迁陵、义陵、邑陵、醴陵、长陵、舂陵、便、索、攸、充、连道、沅陵、沅阳、酉阳、富阳、辰阳、无阳、门浅等，其中有些还可与湖南出土的西汉印章和秦简牍相印证。这些县邑也基本都在今天的湖湘地域之内，临湘即长沙，临沩即望城，临沅即常德，醴陵之名未变，今天仍在沿用。

2004 年，考古工作者在清理东牌楼编号 J7 古井时发现了一批东汉简牍，经过整理出土有字简 206 枚，均为木质简牍，材质大多为杉木。内容为东汉灵帝时期长沙郡与临湘县经邮亭收发的公私文书。文书包括地方各级官吏之间的行文，及下级官吏对上级的上言。私信可分为封缄、封检和书信，书信主要是地方官吏的家书，以及官吏之间的书信。东汉时期的简牍发现极少，东牌楼东汉简的出土有填补此一时期空白的意义。

“中平三年何君□从伍仲取物券”简，讲的是中平三年（186）二月桐丘男子何君□从临湘伍仲处借取某物，承诺同年十月归还的券书。桐丘是长沙地名，在走马楼吴简中多次出现。何、伍均是长沙本地大姓，同样屡见于走马楼吴简。最重要的是“同文”二字，此二字浓墨粗笔，均仅存右半部，显然是作为合同的符信。

“熹平元年覃超人形木牍”，是一件人形木牍，讲的是熹平元年（172）六月二十二日，逝者覃超给道、巫世界的上言。覃超人形木牍的出现，丰富了这一时期世人对死后世界的理解，是了解当时神道观念的直接证据。

“李建与精张诤田自相和从书”，记录的是光和六年（183）长沙

“李建与精张诤田自相和从书”封检

郡中部督邮和临湘县尉所记的核实李建与精张诤（争）田自相和解的案件。“自相和从”即是私下和解之意，在县尉殷何的调解下，李建与精张双方自愿私了，对田产进行了分割。此件文书曾得到上一级长官的批复，封检正面左下角有一个很大的浓墨所书“若”。“李建与精张诤田自相和从书”是简牍文献中记载最早的民事诉讼可以“私了”的案例，真实地反映了东汉晚期的社会情状。

一枚枚沉睡地下2000多年的简牍，向今天的我们诉说着秦汉时期发生在湖湘大地之上的人与事，理与情。湖湘文化也不再只是国史典籍中的军国大事，而是更加朴实纯粹的百姓生活，湖湘二字也仿佛有了温度，充盈着湖湘人民对这片土地的眷恋与热爱。

（三）贾谊策论与辞赋

贾谊是西汉初年著名的政论家、文学家，世称贾生。他少有才名，18 岁时因善写文章为郡人称道。汉文帝时任博士，后来受到大臣周勃、灌婴等排挤，谪贬为长沙王吴著太傅，因此后世也称他为贾长沙、贾太傅。公元前 176 年，贾谊被贬为长沙王太傅，遂由长安出发赶奔长沙。

贾谊在谪居长沙时，忧时愤世，创作了《吊屈原赋》《惜誓》《鹏鸟赋》等作品，他的辞赋皆为骚体，形式趋于散体化，是汉赋发展的先声，更为汉代湖湘文学的发展奠定了基础。与此同时，贾谊虽处江湖之远，却常怀忧国之心，他所作的《论积贮疏》《过秦论》《治安策》等策论文章，风格朴实峻拔，议论酣畅，鲁迅赞之为“西汉鸿文”。

西汉初年，经过秦末之乱，民生凋敝，生活困苦，贾谊目睹了这一切，便极力主张皇帝行“仁政”以“安民”。汉文帝时，他多次上疏，评论时政。文帝二年（前 178），贾谊上《论积贮疏》，建议国家重视农业生产，以增加粮食储备，安定百姓。《治安策》是贾谊系统地阐述自己治国主张的另一篇策论。毛泽东曾夸赞《治安策》是西汉一代最好的政论，“全文切中当时事理”。

长沙　贾太傅祠

《过秦论》也是贾谊策论的代表作。汉文帝时代是汉初所谓的“太平盛世”，但贾谊以他独有的洞察力，透过表象，看到了西汉王朝潜伏的危机；他又以一颗炽热的爱民之心，敢于向文帝忠言进谏，主张广积粮谷，“畜积足而人乐其所”“为富安天下”；主张“众建诸侯而少其力”的削藩策略，力求从根本上解决诸侯王问题；一篇《过秦论》总结秦朝兴亡的教训，意在昭汉之过，求得“旷日长久，而社稷安”。贾谊以一篇篇忧心国事的西汉鸿文昭示了他拳拳的忧国爱民之心，千载以来，未曾消热，激励着一代代后辈学人。

贾谊的政治思想不仅影响了湖南地区的政治实践，也塑造了湖湘文化中的政治精神。贾谊强调的“道义伦理”是湖湘文化中道德观念的重要组成部分，塑造了湖南人重视道德、崇尚正义的文化性格。贾谊的政论还体现在对民本思想的系统论述，这与湖湘文化中重视民生、关注民众福祉的传统相契合。贾谊的政论对湖湘文化的影响，不仅渗透到了政治思想和道德伦理方面，还促进了文化精神的融合和学术研究的推动。后世往往将屈原与贾谊相提并论，湖南因此被称为“屈贾之乡”，这成为湖湘文化的重要标识。

《吊屈原赋》《鹏鸟赋》是贾谊在寓居长沙期间创作的汉赋名篇，其文辞皆为骚体，形式趋于散体化，是汉赋发展的先声，更是湖南文学史上的千古绝唱。贾谊辞赋上承楚骚余绪，下启汉大赋先声，也为湖湘文学在秦汉时期争得了头名。回看贾谊辞赋基本是模拟屈原作品的“骚体赋”，说明他继承的是楚辞传统，这与他在湖湘地区任长沙王太傅息息相关。湖湘地区本就是战国时期楚文化的中心区域，更是屈骚文学的诞生之地，贾谊寓居长沙期间，已经将屈原作品中那种激动人心的炽热情怀、浪漫幻想转化为缘情托兴、抒发心志，追求个人精神的解脱。贾谊与屈原虽有时空阻隔，却因这片湖湘山水而结缘，成为战国至汉初湖湘文学的代表人物，奠定了湖湘文学的发展基石，堪称双璧。

（四）帛书中的哲学意蕴

帛书里的历史哲学　马王堆出土的西汉帛书为进一步研究黄老思想、先秦历史哲学、阴阳五行理念提供了新的文献史料，开拓了新的研究领域，进一步丰富湖湘哲学的内涵，塑造了湖湘文化独特的文化特质和学术价值。

西汉初年，无为而治的黄老思想，适应了汉初“休养生息”政策的需要，实行轻徭薄赋、劝课农桑等措施，与民休息。马王堆帛书中囊括了多篇黄老之学的篇章，比较著名的有帛书《老子》，《黄帝四经》中的《经法》《十六经》《称》《道原》四篇。其中，帛书《老子》有甲、乙两种抄本，对校勘传世本《老子》和进一步研究《老子》思想提供了珍贵资料。《黄帝四经》抄录在帛书《老子》乙本前面，为研究和恢复道家重要学派在历史上的地位，纠正黄、老混同的谬误，重新认识“黄老”思想提供了可靠的史料依据。

在黄老帛书之外，还有记述春秋战国时期历史的帛书《春秋事语》《战国纵横家书》，对订正传世文献有重要价值。《春秋事语》记载了春秋各国历史事件，可与一些传世史书相印证，抄写年代大

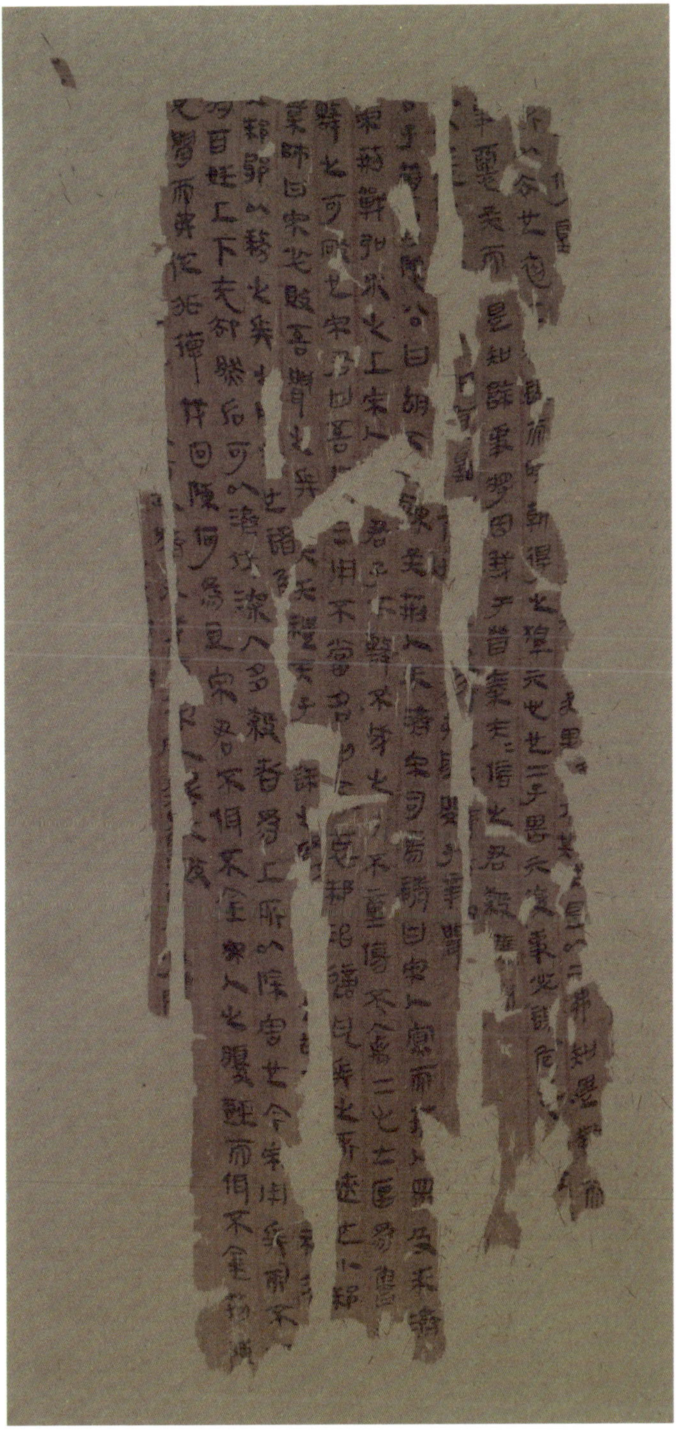

帛书《春秋事语》局部

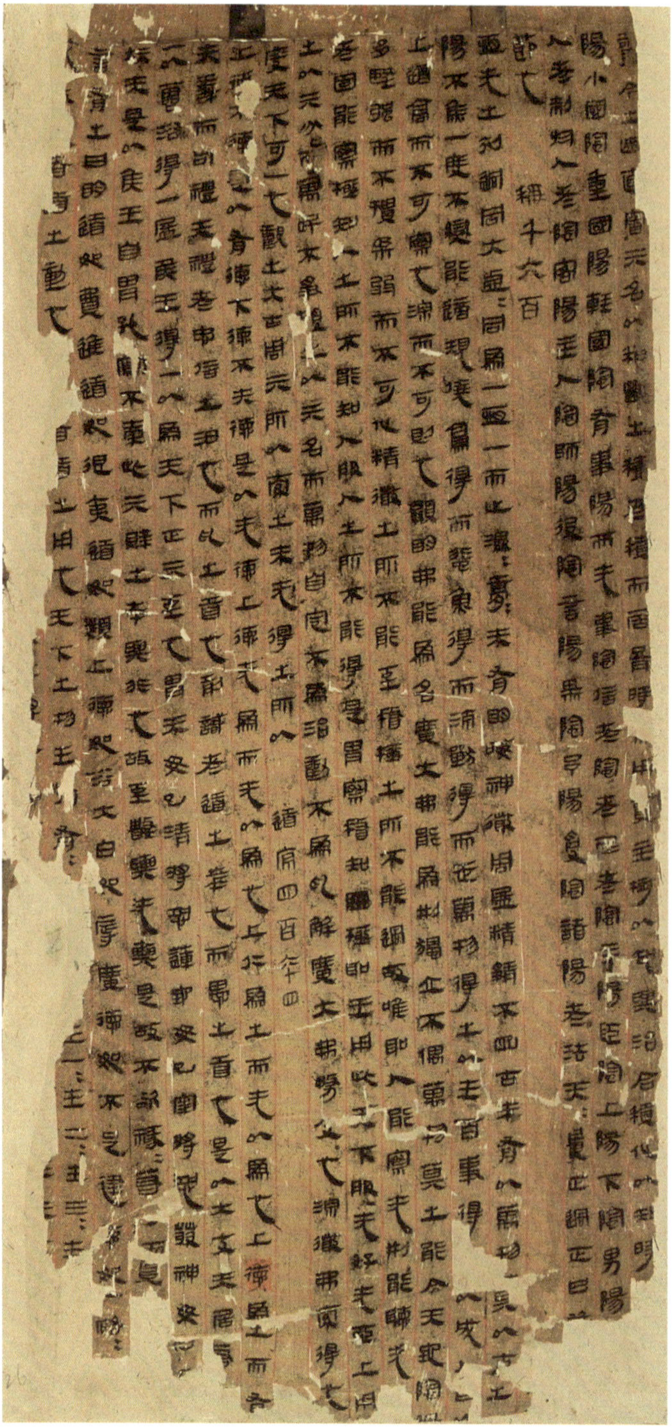

帛书《老子》乙本局部

致在秦末汉初。如帛书中记有公元前 638 年宋、楚两国为争霸发生的泓水之战的事实，宋襄公固守传统仁义道德，导致宋军惨败，这也是成语“宋襄之仁”的出处所在。《战国纵横家书》主要记载战国纵横家苏秦、苏代、苏厉、田婴、李兑等人的书信、游说活动，及战国重大历史事件，除 11 章有今本外，16 章为古佚书，可能为早已失传的《苏子》。它的发现为我们研究战国历史提供了前所未知的丰富资料，纠正了过去所传有关苏秦事迹的许多错误，还可校勘《战国策》中史实之误。

经典类的帛书文献还有《周易》经传，其中“经”即《六十四卦》，“传”即包括《二三子问》《系辞》《易之义》《要》《缪和》《昭力》在内的六篇关于易学理论的古佚书。

帛书里的阴阳五行理念　马王堆帛书关于阴阳五行理念的内容很多。阴阳是指世界上一切事物都具有两种既互相对立又互相联系的力量；五行即由“木、火、土、金、水”五种基本物质的运行和变化所构成。战国时以邹衍为代表的阴阳五行说广为流行，被秦汉道家、儒家和神仙方士吸取，广泛应用于社会生活的各个领域。帛书《出行占》的性质与《日书》、现今农历相似。帛书《阴阳五行》甲、乙篇与《木人占》等，属于占卜吉凶的术数著作。从文中记有的楚国特有官名“莫敖”“连敖”，以及许多字保留了楚国古文的写法来看，该书应是楚人作品。战国秦汉时期，人们十分重视阴阳五行学说的学习与研究，在改朝换代、祭祀、封禅、出行、嫁娶、择宅、攻战等方面，都受其主导，五行学说在当时有着巨大影响。

马王堆三号墓出土帛书《刑德》，有甲、乙、丙三篇，字体分为篆、隶两种，附有完整刑德九宫图，在图中“宇宙图式”的定位对象是“刑”“德”二神，它可用来推定两神在各年中所处位置，进而求得刑德左、右、向、背的态势及吉凶情况，故帛书《刑德》是墓主人用于预测军事战争胜负的兵书。

（五）灿烂的科技文化

两汉时期，湖南地区的科技文化在各个领域开花结果，这些显著成就不仅为后世的科技文化发展奠定了基础，也为湖湘文化乃至中国的历史文化遗产增添了浓墨重彩的一笔。

马王堆古医书　湖湘医学自春秋战国始，在楚文化旗帜下的诸多上古典籍，均有医药知识的记载。直到马王堆汉墓的发现，一笔宝贵的湖湘医药财富得以呈现在世人面前。三号墓漆书奁中出土医书 14 种，其中帛书医书 10 种，医简 4 种。这批医书的抄录年代大致在战国至秦汉之际，而且其内容不见于传世典籍，是一批距今 2000 余年前抄录的珍贵古医书实物，一经面世就引起了学术界的高度重视和研究热潮。就内容来看，这批医书可分为四类。一是有关预防医学领域，属卫生学范畴，其中包括医疗体育的专著《导引图》，利用呼吸运动达到保健目的的《却谷食气》以及在《养生方》《杂疗方》《胎产书》中所记录的一些有关强身益气的方剂。二是有关医学理论，其中包括论述生理、病理的十一脉学说专书《足臂十一脉灸经》《阴阳十一脉灸经》。诊断专书《阴阳脉死候》，论述诊脉方法及灸法、砭石治疗理论的著作《脉法》，论述胚胎生理及孕妇调摄的《胎产书》，以及关于养生理论的《十问》《天下至道谈》等书。三是有关医疗方法，其中包括以方药治疗为主的《五十二病方》以及以灸法治疗为主的《脉法》等书。《五十二病方》是迄今所见最早、最完整的医方专著。其内记载了治疗52类疾病的方剂和疗法，涵括现代医学的内科、外科、妇产科、儿科、五官科等103种疾病的治疗医方。四是涉及保健医学以及精神疗法“祝由术”等，在《养生方》《房内记》《胎产书》《十问》《合阴阳》《天下至道谈》等书中均有涉及性保健、强身祛病、抗老延年的养生方法和理论，是现存最早性医学文献，对于研究养生学史以及性医学，都是可贵的历史资料。

马王堆古医书的发现，使埋没了2000余年之久的很多具有重要学术价值的医学理论与实践经验也得以重见天日，发挥出昔日的灿烂光彩。通过对马王堆古医书的研究，很多药物和久已失传的制药技术、医疗方法和医学理论等又被重新辨识出来，为深入考察中国医药学各学科发展的渊源提供了重要依据。马王堆古医书古朴简易，带有荆楚风范，所用医药，也多为南方所产，反映了秦汉时期湖湘地区的医学水平，是不可多得的医药文献珍宝。

张仲景及其《伤寒杂病论》 张仲景，名机，字仲景，东汉南阳郡（今河南南阳）人，汉献帝建安年间，任长沙太守。在任期间，遭逢大疫，而伤寒为虐更烈。身为太守的他，深知百姓疾苦，尽力救治。张仲景的医方、医术在整个湖湘地区广泛施行与传播，收到了良好的实践效果，他在湖湘地区进行医疗实践，积累了丰富的经验，著成医学巨著《伤寒杂病论》，该书成为中国医学方书的鼻祖。张仲景行医讲究辨证论治，确立了望、闻、问、切“四诊法”，被后世推崇为“医圣”，这无疑是湖湘医学的骄傲。《伤寒杂病论》共16卷，后人分为《伤寒论》及《金匮要略》两部分，书中论述了多种外感热病的治疗原则和方药， 全面论述了其病变规律及诊治方法，详论其阴阳寒热、表里虚实、标本缓急、传变规律。在药物与方剂方面，《伤寒杂病论》中的方药及其理论最具代表性，被后世誉为“医方之祖”，奠定了后世药物方剂的发展基础。在临床医学方面，《伤寒杂病论》形成了比较规范、完整的施治体系，从伤寒的病因病机、发展转化规律、证候诊断、治法方药各方面进行了系统的论述，把东汉时期医治伤寒的辨证施治体系推向了中医临床医学的高峰。在内科杂病方面，《金匮要略》是中医学史上第一部以内科杂病为主的医学著作，书中按每类疾病的共性进行分证，重点阐述了痉病、中风、历节、虚劳、胸痹、水气等近30种病症，为后世治疗学发展奠定了理论基础。此外，《伤寒杂病论》在针灸、皮肤病、妇产医学、法医学、预防医学等方面都有丰富的医疗经验，对我国传统医学产生了深远的影响。

蔡伦改进造纸术　在纸张发明之前，重要的典籍文献是记录在竹帛之上的，竹简笨重不易翻阅，帛书易读却价格昂贵，严重影响了书籍的使用与传播。直到东汉蔡侯纸的出现，标志着纸张开始取代竹帛，成为主要的书写载体，“简重而帛贵”的现状才得以改变。东汉和帝年间，桂阳（今湖南耒阳）人蔡伦在总结前人经验的基础上，开始潜心研究造纸术。蔡伦扩大了造纸原料的来源， 把树皮、破布、麻头和旧渔网等一些废弃物品都充分利用起来，为造纸业的发展开辟了广阔的途径。在制作工艺上，采用了民间作坊利用石灰水制浆的方法，又添加了有较大碱性的草木灰水制浆，改进了制浆工艺，提高了纸浆的质量，最终造出了优质而适于书写的植物纤维纸。纸张一经问世，便广受好评，汉和帝下令天下采用，人们把这种纸称为“蔡侯纸”，全国“莫不从用焉”。尽管蔡伦不是造纸术最原始的发明者，但他通过改进技术并将其推广，使纸进入了真正的实用阶段，成为此后最主要的书写材料。蔡伦的造纸技术是一项划时代的创新，它大大促进了世界文化的交流和传播，对人类文明的进步起着不可估量的作用。

天文学　秦汉时期，国家社会经济稳定，天文学的发展迎来了新的高峰。马王堆帛书《五星占》和《天文气象杂占》正是这一时期天文学成就的重要组成部分，也是我国至今能见到的最早的天文学著作，也代表了秦汉时期湖湘地区天文学的最高成就。

帛书《五星占》是以五星行度的异常和云、气、星、彗的变化来占卜吉凶的术数书，分为占文、行度表两部分。帛书占文以及五行会合周期的实测记录，表明当时人们已经在利用速度乘时间等于距离这个公式把行星动态的研究和位置的推算有机地联系起来，比战国时代的甘德、石申零星的探讨前进了一步，成为后代历法中“步五星”工作的先声。

帛书《天文气象杂占》是一部利用云、气、星、彗不同变化等天象来占验灾异变故、战争胜败的书籍，包括了天文学、气象学和灾异占卜等方面的内容，特别是 29 幅彗星图的观测记录，是了解湖湘天

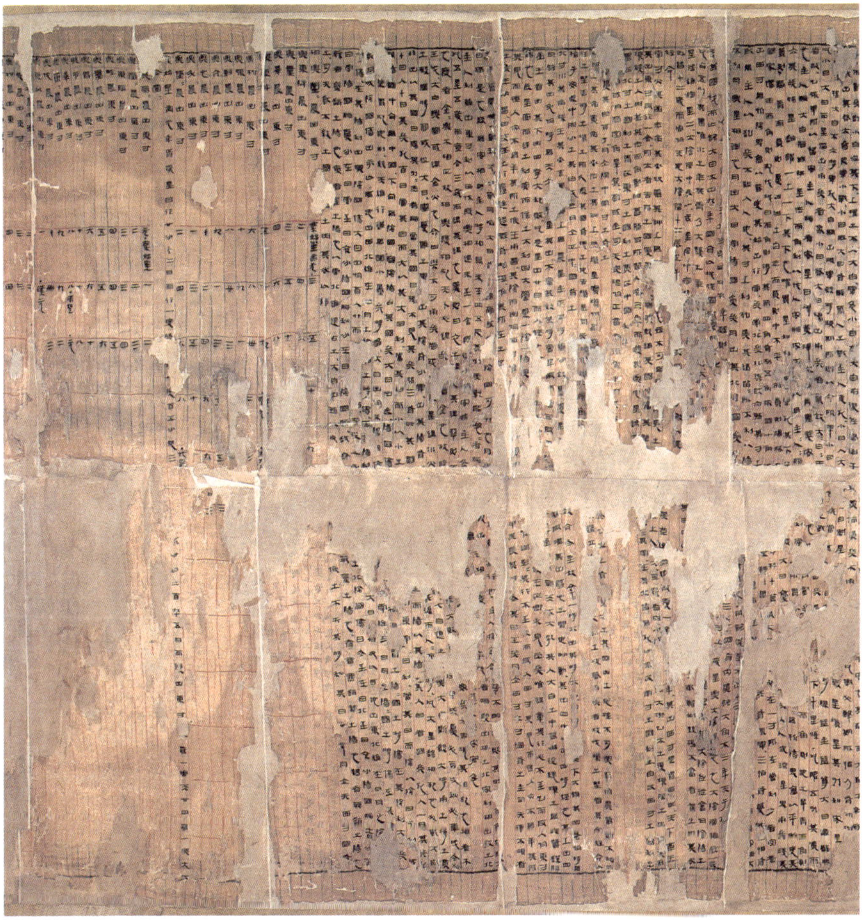

帛书《五星占》局部

文学发展成就难得的资料。帛书用朱、墨二色绘有云、气、蜃景、晕、虹、恒星、彗星等各种天象图约250幅，并附有简短的文字说明，内容包括图像的名称、解释及占文等。彗星图是帛书中最有价值、最精彩的部分，现存清晰的彗星图28幅，1幅只留有残影。每颗彗星都有彗头、彗尾，除一幅之外，其余都是彗头朝下，彗尾朝上，正确地表现了彗尾总是背着太阳的规律。这一规律，在国外直到公元 1531 年才由欧洲人波特尔·阿毕安发现，而中国早发现了 1700 多年。彗星图以科学严谨的态度记录了彗星的颜色与样貌，又以极富中国哲学思想的缜密思考，描绘了彗星占问理念的大致轮廓，奠定了汉代彗星占问理念中以兵灾为主旨的理论架构，开启了“五色”理念与彗星占问理念融合的先河。

最早的军事地图　在古代，军事地图是关乎战争成败的关键。秦汉时期的湖湘

帛书《天文气象杂占》（局部）

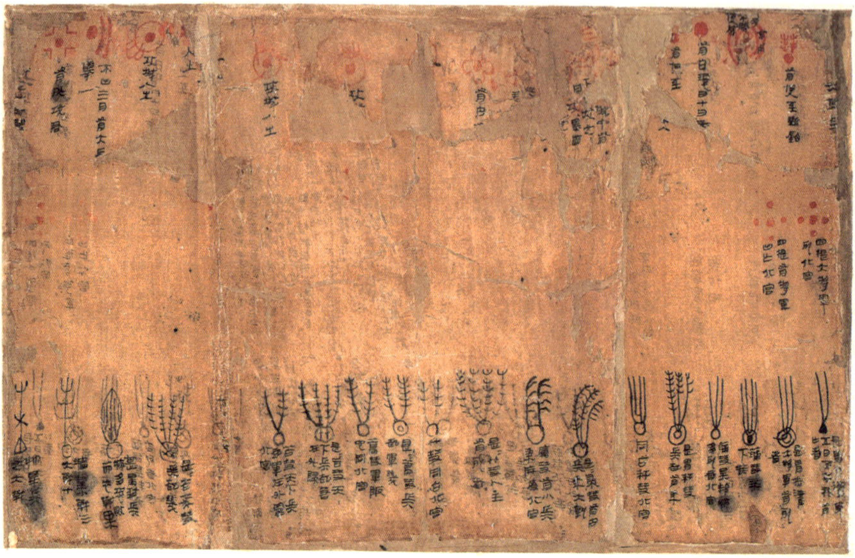

地理学成就，也主要体现在地图绘制上。马王堆帛书中有三幅地图，第一幅为城邑图；第二幅为汉初长沙国南部地形图；第三幅为汉初长沙国南部驻军图。这三幅地图是世界上现存最早、具有相当科学水平的实用彩色地图，在我国地图学史上占有重要地位， 具有不可估量的科学价值。

《地形图》长 96 厘米，宽 96 厘米，尺寸较大，是迄今发现最早、编制最准确的军事地图。图中方位上南下北。主区包括长沙国南部八县，即今湘江上游潇水流域、南岭、九嶷山及其附近地区，图中水系与现代地图大体相同；邻区为南越王赵佗辖地，约相当于今天广东大部分和广西小部分地区。地图中所绘内容的分类分级、符号设计、主区详邻区略等较为科学的制图原则，至今仍在沿用。同时这幅地图对于明确长沙国南部疆界和汉初湖南行政区划的建置沿革等很有帮助，可补传世文献记载的不足。当然，也可以依据地图上标注的地理坐标与长沙走马楼西汉简中所载县邑名称进行对照，来一次 2000 年前出土文献之间的对话，其重要意义不言而喻。

《驻军图》长 98 厘米，宽 78 厘米，是世界上现存最早的三色彩绘军事地图，被国际制图学界认为利用科学的图绘技法绘制而成，采取了与现代专业地图相同的两层平面表示法：第一层表示军事要素，第二层表示地理要素。该图上南下北，所绘主区位于今湖南九嶷山与南岭之间，有山脉、河流、居民点，着重标出九支军队的驻地、番号、军事设施和行动路线，对于研究汉代军队建制、军事思想有极高价值。有学者认为《驻军图》反映的是西汉高后末年或文帝初年，中央军队为征伐割据岭南的南越而屯兵于长沙国南部九嶷山下的情形，该图可能是墓主参与指挥此次征战使用的军事地图，地图中部绘有一座三角形城堡，可能是其总部所在。《驻军图》对于了解当时长沙国南部边境的军事部署、长沙国与南越国的关系以及研究西汉初期的军事思想和指挥艺术有重要的史料价值。

华夏章服之美　中国素以“衣冠王国”著称，衣冠所承载的章服之美也是华夏文明的重要载体之一，《春秋左传正义》中就有“中国有礼仪之大，故称夏；有服章之美，谓之华”之说。及至汉代，随着社会的稳定，农业、手工业与商业迅速发展，丝织品种、质量、技艺得以全面提升。伴随着“丝绸之路”的开通，中国丝织品开始传向四面八方，令当时世界上许多文明古国，如波斯、罗马、印度等的贵族们以穿戴中国产的丝织衣物为骄傲。中国的“丝国”称号真正扬名世界。

由于丝绸为有机质，先秦秦汉时期的纺织品非常难保存。值得庆幸的是，马王堆汉墓中出土了衣物、衣料数百件，包括绢、纱、罗、绮、锦、麻布等各类织物，采用印染、印花、彩绘、刺绣等装饰工艺。款式多样的四季衣装，保存完好，色彩鲜艳，工艺精湛，引领了长沙国着装时尚，是汉代纺织工艺的最高成就和服饰艺术的真实写照。

马王堆三座汉墓出土的衣服数量较多，其中一号墓出土成衣26件，各种锦绣丝织衣料46匹，春夏秋冬四季衣服一应俱全。就材质来看，这些衣服、衣料大致可以分为丝、麻两大类，其中丝织品占大多数。品种有绢、纱、罗、绮、锦、绣等，包括了汉代丝织物的绝大部分品种，其中最能代表当时纺织技术水平的是薄如蝉翼、轻软透明的素纱。

△ 直裾素纱禅衣

▽ 朱红菱纹罗曲裾式丝绵袍

一号墓出土的两件素纱禅衣，衣长128厘米，袖长190厘米，领口、袖口都用绢为缘，总重分别为48克和49克。汉代文献描述其薄如蝉翼，轻若云雾。这是迄今所见最早、最薄、最轻的服装珍品，是西汉时期纺织巅峰之作，是华夏服章之美的代表。

除了成衣，一号墓中还出土了裙、手套、绢袜、丝履以及组带等日常服饰，直观地反映出湖湘地区纺织技术在西汉初年得到较大发展，开启了将汉字吉祥语装饰在纺织品上的先河。

汉代的印染工艺，有涂染、浸染、套染、媒染等多种技法。马王堆丝织物纱、罗、绮、锦的装饰图案，有的用提花机织成，有的用各种矿物、植物染料印染而成，说明当时已经掌握使用各种印染工艺和配以各种颜色的方法。在印花技术上，已经应用套版印花，花纹用细线组成，流畅而优美。这是我国目前见到的最早的多套版印花工艺，反映了汉代印染工艺的成就。

而印花敷彩纱则是印花和彩绘相结合的高级印花纱，代表着当时高超的印花技术。印花敷彩纱线条细而均匀，用色厚而立体感强，花蒂清晰，可见当时配料之精，印花技术之高，达到了十分惊人的程度。是湖湘文化中的艺术瑰宝。

汉代刺绣针法，主要运用辫绣，或称锁绣，这种针法整齐牢固，它有开口与闭口之分，开口用以填充装饰花纹，闭口则适应于表现线

▲ “乘云绣”衣料

▼ “长寿绣”衣料

条。马王堆汉墓出土的刺绣十分丰富，针法一般采用锁绣法，基本针法是开口锁绣和闭口锁绣。从纹样看，最多的是“信期绣”“长寿绣”“乘云绣”。“长寿绣”和“乘云绣”两种绣品单元图案较大，均为“信期绣”的三倍左右，线条比较粗放，不用罗作坯料，而用绢、绮等类精美的织物，粗细线条结合，明暗花纹结合，花纹既瑰丽奇特，又栩栩如生，是过去出土的汉代绣品中少见的。有学者认为，这种精湛的刺绣工艺应视为当今湘绣的渊源。

五

三国谋定　魏晋风流

三国两晋时，湖南基本上隶属于荆州；南朝宋齐梁陈时，湖南各郡县大体上分别隶属于郢州、湘州和荆州，既是当时南北文化沟通的重要枢纽，同时也是各方政权激烈争夺的战略要地，因多次遭受战祸兵燹，一度出现“民物凋敝”“湘土荒残”的破败局面。但相对于战乱频仍的中原地区而言，湖南地区的社会仍然较为安定，吸引着北方移民持续不断地迁入，从而维持着湖南社会经济的发展。长沙走马楼吴简的发现和整理，为我们展现了这一时期湖南和中国南方地区的社会经济生活的复杂、生动场景。在思想文化上，湖南文献在“晋、宋、齐、梁，粲然大备”，湖湘文化开始崭露头角。一方面，玄学清谈之风向南来，湖南涌现出一批善于谈玄说理之士，而以罗含为代表的湘籍思想家已经开始预流中国思想的最前沿；另一方面，佛教与道教也传入湖南，并取得迅速发展，逐渐开始引领中国佛教和道教的发展潮流。儒家、道教、佛教在交流融会中，不断更新着湖湘文化的生命，推动着湖湘文化从地域走向全国舞台的中央。

（一）三国争战地

汉末三国时期，湖湘地区成为魏蜀吴三国争夺的战场，多次遭遇兵燹；至于两晋南朝，亦屡屡被战火波及，社会与文化的发展不能不受到负面的影响。不过，相对于中原地区而言，湖湘地区遭受的破坏没有那么严重，北方移民持续迁入，魏晋南朝的各政权亦不断地投入资源促进当地的经济开发，这为魏晋时期湖湘文化的发展奠定了物质基础。

刘表据荆州　东汉末年灵帝驾崩之后，首先入主荆州的人是汉朝宗室刘表。初平元年（190），关东群雄联合讨伐董卓，长沙太守孙坚亦举兵响应。在率军北上途中，孙坚诛杀了荆州刺史王睿，导致荆州陷入无人治理的混乱状态。于是朝廷任命刘表为新的荆州刺史，负责安定荆州，刘表得以据有江陵、襄阳等地，初步控制了荆州。建安三年（198），长沙太守张羡率零陵、桂阳二郡共同反叛刘表，刘表遣兵将其击破，进一步巩固了对荆州南部地区的统治。

刘表统治荆州期间，博求儒士，广搜图书，兴建学校，将荆州打造成为南方的学术文化中心。刘表占据荆州之后，迅速稳定了地方的政治局势，营造出一个相对和平的环境，中原地区的学术文化中心由此南移。当时从中原地区来到荆州避难的学者和儒士数以千计，其中较为知名者，有诸葛玄、诸葛亮叔侄，“水镜先生”司马徽，以及《左传》学大师颖容。刘表对这些士人都给予了妥善的安抚，并设立学校，聚众讲学。当时荆州学官乃是效仿洛阳太学而设，为全国唯一的官学。

孙刘在湖南的争战　建安十五年（210）刘备从孙权处借得南郡，从而控制了荆州的大半部分。刘备统治荆州期间，任命诸葛亮为军师中郎将，督管长沙、零陵、桂阳三郡，负责江南的民政与财赋事务，驻地位于临烝（今湖南衡阳市）。建安二十年（215），孙权派遣吕蒙进攻长沙、零陵、桂阳三郡，又命鲁肃率军万人进驻巴丘（今湖南岳阳市）。同年十一月曹操兵临汉中，刘备担心曹操趁势进攻益州，于是与孙权讲和，约定以湘水为界，平分荆州，江夏、长沙、桂阳三郡东属孙权，南郡、零陵、武陵三郡西属刘备。

建安二十四年（219），孙权派遣吕蒙偷袭南郡，荆州之地终于落入了孙权之手。孙权占据荆州之后，十分重视加强对荆州的控制。章武元年（221），刘备刚即帝位不久，发动了东征。吴军统帅陆逊审时度势，蜀汉与吴国的联盟关系得以重新修复。

吴魏对荆州的争夺　黄武三年（224）至四年，曹魏围攻江陵长达半年，战事十分惨烈。之后孙吴政权出于军事安全考虑，不仅将主力部队移驻到长江南岸的乐乡（今属湖北松滋市），而且还将南郡的治所由江陵迁移至了华容（今湖南华容县）。此后，荆州南部地区的开发程度日益加深，行政区划相较之前也越分越细：黄武五年（226），孙权分交州苍梧郡属荆州，并更名临贺郡；太平二年（257）孙亮分长沙郡之地，另置衡阳郡与湘东郡；永安三年（260）孙休分宜都郡置始兴郡，永安六年（263）分武陵郡置天门郡；甘露元年（265）孙皓分桂阳郡置始安郡，宝鼎元年（266）又分零陵郡置邵陵郡。

西晋末年迄于南朝，湖湘地区在行政建制上改隶于湘州。永嘉元年（307），晋怀帝以长沙、衡阳、湘东、零陵、邵陵、桂阳、始安、始兴、临贺九郡置湘州，治所位于临湘（今湖南长沙市）。司马承初任湘州刺史时，当地曾遭巴蜀流民起义军的破坏，经济荒残，“人物凋尽”，至陶侃镇守荆州期间，湘州长期处于和平稳定的状态，这对当地经济的恢复与发展起到了良好的促进作用。东晋以后，湘州属郡屡有废置，辖境亦有增减。至隋开皇九年（589）废除郡制，更置湘州为潭州。两晋南朝时期，居于长江中游的荆州与居于长江下游的扬州经常发生政治上的对立，湘州地处荆州之肘腋，战略地位十分重要，故常被视为朝廷重镇。

（二）走马楼吴简

走马楼吴简大部分为孙吴嘉禾年间（232—238）临湘侯国的行政文书，广泛涉及三国时期吴国的政治、经济、军事、法律等多个领域，记录了生动且复杂的孙吴基层社会运作的实态。走马楼吴简为研究三国时期吴国的历史提供了重要的第一手资料，具有无可比拟的史料价值。

走马楼吴简的发现 1996 年 10 月，湖南省长沙市文物工作队、长沙市文物考古研究所在市中心走马楼街平和堂商厦建设工地的一座古井中，抢救性清理发掘出了一大批简牍。这批简牍所见最早的年号为东汉中平二年（185），最晚的年号为孙吴嘉禾六年（237），简牍总计约有 14 万枚，其中有字简 7 万余枚，带字痕简 3 万余枚，另有 4 万余枚无字简。这是继殷墟甲骨文、西北居延汉简、敦煌吐鲁番文书、明清大内档案之后，20 世纪中国古代文献的又一次重大发现，当年就被评为全国“十大考古发现”之一。

简牍里的临湘侯国 走马楼吴简的内容以临湘侯国的各类户口赋税簿籍为主，同时也有官府公文、司法档案和私人信件等其他类型的

长沙简牍博物馆藏
走马楼吴简

文书，蕴含丰富的历史信息。传世文献中关于孙吴历史的记载十分稀少，仅有西晋陈寿的《三国志·吴书》（二十卷）和南朝宋裴松之的注，以及唐代许嵩《建康实录·吴》（四卷）等寥寥数部文献，而且这些史籍主要记载重大历史事件与人物，涉及孙吴基层社会的内容很少。走马楼吴简则鲜活地展现了孙吴基层政府的行政运作过程，反映了普通百姓的日常生活及其与官府的交往，可以说填补了传世文献的空白。

目前已经公布的走马楼吴简《嘉禾吏民田家莂》，便真实地反映了吴国统治时期长沙郡临湘国的地方行政制度，细致地反映了孙吴的土地赋税制度与社会经济情况。孙权占领荆州之后，亦仿效曹氏，在荆州地区推行“佃田制”，将国家所掌握的公田以租佃的形式交给吏民耕种。走马楼吴简充分显示，当时临湘侯国有比较发达的官营农垦系统。临湘侯国从事农业生产的主体中更为庞大的群体是普通百姓。《嘉禾吏民田家莂》记录了大量临湘侯国百姓的姓名信息，其中烝、黄、谢、潘、邓、李、陈、张、唐和周等姓人数众多，反映了临湘地区宗族聚居的地域社会结构。此外，临湘侯国中还存在大量“蛮姓”，即少数民族使用的汉族姓氏。湖南长沙地区自战国时期以来，长期是少数民族聚居之地，西汉末年受王莽之乱的影响，大量中原地区的汉人移民至长沙，促进了当地的民族融合。因此，走马楼吴简十分具体地展现了三国时期湖南地区民族融合的历史进程。

走马楼吴简中保存了大量普通百姓的户籍资料。根据这些户籍资料，可以知道当时临湘地区一个家庭的户均人口约为4.8人，与传世文献所说的“五口之家”基本相符。此外，走马楼吴简还反映出当时长沙郡存在早婚、迟育、多妻的婚姻现象。两汉三国时期，奴婢的户籍依附于良民的户口之下，因此通过统计走马楼吴简户籍文书中的人口信息，还可以知道当时长沙地区奴婢的数量与生存状况。走马楼吴简中还收录了一些珍贵的地方司法档案，让我们得以了解三国时期孙吴的基层法治状况。其中最著名的就是“许迪割米案”。在“许迪割米案”中，长沙郡和临湘侯国等司法机构对许迪的判罚结果均严格依照孙吴的国家法律，并且一旦罪囚反映有刑讯逼供行为，就要重新组织审讯。“许迪割米案”的司法程序与判决结果，充分显示出了当时孙吴基层司法的审慎态度以及对生命的重视。

（三）玄风向南来

魏晋玄学作为一种崇尚老庄的重要的学术流派，强调返璞归真、一任自然的思想，与湖湘文化中追求自然、真实、刚烈的精神特质相契合，共同塑造了湖湘文化的独特风貌。湖湘士人在魏晋玄学的影响下，开始追求个性、自由、真实的生活方式，表现出一种超脱世俗、不受束缚的精神状态。魏晋玄学的代表人物如王弼、阮籍、嵇康等，在学术界有着广泛的影响力，他们的学术思想和著作对湖湘学者产生了深远的影响，促进了湖湘文化与其他地区的学术交流和文化融合。

两汉经学的发展　自汉武帝“尊崇儒术”以后，以《易》《礼》《诗》《书》《春秋》《孝经》《论语》“七经”为主体的儒家经学，逐渐取得国家正统思想的崇高地位，成为士人致身通显的学术根柢。汉宣帝、元帝时期（前 74—前 33），通晓儒经的韦贤、韦玄成父子相继入朝为相，当时即有谚语说：“遗子黄金满籯，不如一经。”（《汉书·韦贤传》）时代的学术风尚，促进了儒学在湖南地区的进一步传播和影响。例如，东汉时期，泉陵（今永州）人曾谭、蒋晋、刘优等举孝廉，皆官至高位，群僚敬服；桂阳（今郴州）人刘常，则是“当世名儒”。

蒋琬墓出土带钩

而在汉末刘表“荆州学派”的学术辐射影响下，魏晋时期的湖南更是出现了以蒋琬、虞授、车胤、谷俭为代表的经学、政治人物。

蒋琬（？—246），字公琰，零陵湘乡（今湖南湘乡）人，年方二十，与表弟刘敏“俱知名”，著有《丧服要记》一卷。诸葛亮称赞他有“社稷之器，非百里之才也。其为政以安民为本，不以修饰为先”，将民众安居乐业作为根本政治追求，而非急功近利、装点门面的“政绩工程”“形象工程”，这一点深得儒家民本思想的精髓。诸葛亮去世后，蒋琬继任蜀汉丞相，“承诸葛之成规，因循而不革，是以边境无虞，邦家和一”。蒋琬的这番政治功业离不开他深厚的儒家经学基础。

虞授（？—279），字承卿，长沙人，官至东吴广州都督。精通易学，研治《周易》从不懈怠，当时有谚语说：“不读经，视虞生。”鼓励士子以他为榜样，勤奋学习。

车胤（约333—401），字武子，南平郡（今属常德）人。相较于勤学成才的虞授，车胤的成长故事更为励志。他年少时，“家贫不常得油，夏月则练囊盛数十萤火以照书，以夜继日焉”，这就是流传后世的“囊萤夜读”佳话。车胤尤其精通《孝经》学和礼学。他曾注解过《孝经》，并多次参与朝廷重大礼仪制度的讨论。他主张不必追寻以前的礼乐形式，而应弘扬礼乐的本质精神，顺应时代的变迁，根据时代发展的需要而制定适合当下的礼乐制度。清人严可均在《全晋文》中辑有车胤《上言庶母服制》《群臣见皇太子仪服议》等奏议、答问八篇，均为议定礼制而作，可见他在礼学领域也是卓然成一家。

同样学习刻苦，而且善于礼学的，还有东晋桂阳（今郴州）人谷俭（生卒年不详，字士风）。他“少有志行，寒苦自立，博涉经史”，著有《谷俭集》一卷。《全晋文》辑有其《夫没归宗未嫁而亡为服议》佚文，认识相当开明，文中说：“妇人夫没无子，有归宗更出之义。……受姑命而归宗，夫之余亲，不应有服。”依据这一礼制，也就从法律上取消了无子丧偶的妇女对于婆家的家庭伦理责任和义务。谷俭的这种认识，显然是以人的自然情感为根本的，因而比较合乎人之常情，反映出儒家礼教饱含温情而并不像宋代以后那样严苛的一面，同时也映射出魏晋玄学的核心论题——名教与自然之辨。

魏晋玄学的传入 魏晋玄学的内容十分丰富，涉及言与意、有与无、本与末、体和用、形与神等话题，涵盖哲学、史学、文学、艺术诸领域。受魏晋玄学影响，湖南地区也刮起了一股强烈的玄风，涌现出一批兼通儒、道两家学说的名士。

刘先（生卒年不详），字始宗，三国泉陵（今永州）人，官至魏尚书令，著有《尚书义》三卷。他既研治儒家经学，又“尤好黄老言”。

潘京（约273—323），字世长，晋武陵汉寿（今常德汉寿县）人。他机敏善辩。举秀才时，玄学名士、尚书令乐广和他“共谈累日，深叹其才”，说他“天才过人”，如果继续深研玄学，“必为一代谈宗”，成为一代玄学宗师。

邓粲（生卒年不详），南朝长沙人，著有《晋纪》《老子注》。他“少以高洁著名”，对当时普遍流行的隐居生活方式，有着自己的独到看法，认为：“夫隐之为道，朝亦可隐，市亦可隐。隐初在我，不在于物。”也就是说，无论隐居在哪里，根本都只在于个体生命的保全与自由，因而不管是在庙堂、城市，还是山野，都并不妨碍个体的隐居生活。这其实也是对于名教与自然矛盾关系的一种解答。邓粲的《晋纪》，在当时的“十八家晋史”著作中尤为突出，原因正在于他“摆落汉、魏，宪章殷、周”，直接承继了《春秋》褒善贬恶的笔法和体例，以儒家纲常伦理为指导，举例发凡，试图激发人们“以史为鉴”，重新树立起对于儒家名教的价值信仰。

罗含（292—372），字君章，晋桂阳郡耒阳（今属衡阳市）人，著有《罗含集》《湘中记》。东晋名士谢尚称他是“湘中之琳琅”；人言其为“荆楚之材”，权臣桓温则誉之为“江左之秀，岂惟荆楚而已”。人们的称誉并非言过其实，罗含不仅在文学、地理学方面富有成就，而且思想深刻，通达玄理。在理论方面，罗含吸收“竹林七贤”之一向秀的玄学思想和传入中国不久的印度佛教“轮回说”，写出《更生论》这一玄学名篇。文章提出“更生”这种循环连续的全新生命观，并开启了南朝时期著名的“形神之辩”，成为湖湘文化在魏晋时期的一座高峰，表明湖南人在此时已突破地域限制，走向中国思想的前沿领域。

（四）佛道与时兴

魏晋南北朝时期，湖南佛教、道家取得了快速发展，为隋唐湖南佛教和道教大放异彩奠定了基础。这一时期，儒、释、道三教相互吸收，竞相发展，难免会产生一些矛盾。尤其是当佛教这一外来宗教获得朝野上下的大力支持，拥有田产、剃度僧人和免除赋税等特权后，对儒家和道家的生存空间造成了极大的挤压，由而遭致儒家、道教的不断非难。在湖南地区发生的儒释道三教论争，颇具文化史意义，佛教在取得论争胜利的同时，也开始了不断地中国化。儒家、道教也不得不正面面对佛教义理，与之交锋、融通，这鲜明地展现出中华文明和湖湘文化的开放性、包容性和统一性。

佛教传入　两汉之际，佛教传入中国。由于儒家经学居于官方正统思想地位，故而佛教在东汉的传播和发展十分缓慢，影响微弱。三国时期，群雄割据，生民离乱，儒家经学的价值体系崩溃，反为佛教的兴盛提供了机缘。湖南的佛教起步较晚，佛风甚弱。不过，随着战乱导致的北方人口不断南迁，佛教也随之于魏晋之际传入湖南，并逐渐取得全国性影响。

据唐代李邕的《麓山寺碑》记载，西晋泰始四年（268），天竺高僧法崇将岳麓山上原有的祠庙改建为佛寺麓山寺；太康二年（281），法导对麓山寺进行了增修扩建；后来，法愍居住在麓山寺，终老于此，使麓山寺声誉渐隆；南朝历任湖南地方长吏，如刘宋湘州刺史王僧虔，萧梁湘州刺史夏侯详、王琳，长沙内史萧源，都对麓山寺进行过修复。麓山寺是湖南第一座佛教寺庙，历朝均不断增修重建，寺庙至今犹存，已有1700多年历史，是岳麓山上的

古麓山寺

一道名胜。寺门石柱对联云“汉魏最初名胜，湖湘第一道场”，洵非虚语。

魏晋南北朝时期，除长沙麓山寺外，湖南地区还兴建了一大批著名寺庙。例如，普济寺，建于晋惠帝永宁元年（301），位于长沙郡刘阳县（今浏阳市）登龙山；云龙寺，一名灵龙寺，隋改名法轮寺，唐末又号金轮寺，据传建于晋成帝咸和年间（326—334），位于衡阳郡重安县（今衡阳县）岣嵝峰下；楚兴寺，一名君山寺，又名崇胜寺，建于两晋时期，位于长沙郡巴陵县（今岳阳市）君山之上；杲山寺，传为两晋时期僧人紫鹤所建，位于长沙郡临湘县境内（今长沙市望城区乌山街道）；等等。

慧思的贡献　魏晋南北朝时期湖南佛教寺院分布，逐渐集中于南岳衡山及其周边，使南岳衡山在南朝迅速成为湖南乃至全国的佛教圣地。其中，慧思弘法南岳衡山，产生全国性影响，贡献尤著。慧思（515—577），俗姓李，豫州武津（今河南上蔡东）人，世称“南岳尊者”。陈废帝光大二年（568），慧思带着弟子40余人来到南岳，自此“陈世心学，莫不归宗”，陈朝各地信众望风归附，于是建般若寺（今南岳福严寺）安顿随从大众，又另于赤峰下建小般若寺（今南岳藏经殿）供自己专心禅修。慧思对于中国佛教和湖南佛教的贡献非常大。一方面，他传“一心三观”之说给天台宗智顗，为天台宗奠定了理论基础。另一方面，在当时北方佛教重坐禅习定、南方佛教重佛学义理的背景下，慧思主张由戒入定，因定发慧，定慧双开，“南北禅宗，罕不承绪”，为禅宗的孕育及其在南岳的兴盛奠定了思想根基。慧思去世后，其弟子僧照、大善、慧成等人继续在南岳传法，对衡山佛教的持续发展作出一定的贡献。

道教兴盛 这一时期，中国的本土宗教道教也在湖南迅速传播、发展起来。湖南山川秀异、物产丰富的自然环境和巫风盛行的民间信仰与文化，为道教在湖南的发展提供了良好基础。东汉后期，张道陵创立五斗米道（后称天师道、正一道）、张角创立太平道后，大批修道之士涌入湖湘。例如，张道陵曾于汉明帝时游衡山，谒南岳的青玉、光天二坛，礼祝融君之祠，称此处“当为飞升羽化之地”，这也使得南岳成为道教徒心目中修行得道的灵境，唐代著名道士司马承祯编纂的《洞天福地天地宫府图》，便将南岳衡山洞列为道教“三十六小洞天”之一，并把南岳的“青玉坛”“光天坛”“洞灵源”列入道教“七十二福地”。东汉末年，又有张礼正、冶明期二人学道于衡山。

魏晋南北朝时期，南岳衡山成为道教圣地，居于湖南的道教徒以南岳为据点快速发展，并逐渐向全省各地蔓延，创建了一大批大小道教宫观。如南岳九仙观、南岳衡岳观、南岳招仙观、南岳普贤观、长沙陶公庙，等等。

南岳之所以能够成为道教的圣地，并不在于其上建立了多少道教宫观，而主要是因为有一批高道在山中修行布道。如晋武帝（266—290年在位）时被封为“太微先生”的青城山道士王谷神和“太素先生”皮元曜、南朝时期的“南岳九仙”，等等。

受道教和玄学之风的影响，湖南此时也出现了许多著名的隐士。例如，邓粲早年和《桃花源记》中的“南阳刘子骥”志同道合，隐居不仕。再如，伍朝（生卒年不详），字世明，东晋武陵汉寿（今常德汉寿县）人。他“游心物外，不屑时务，守静衡门”，在家乡隐居不仕，被视为“江南之奇才，丘园之逸老”。又如，龚祈（生卒年不详），字孟道，南朝宋武陵人，风姿端雅，有“荆楚仙人”之誉。

三教论争　儒家与佛教的冲突，在湖南集中体现于“衡阳论辩”。“衡阳论辩”是指南朝刘宋时期，何承天在任衡阳内史期间，与佛教信徒宗炳、颜延之等人展开

南岳衡山祝融峰

的一系列思想论辩。何承天（370—447），东海郡郯县（今山东郯城北）人，南朝宋思想家、天文学家。何承天是当时著名的无神论者，坚持朴素唯物主义思想，坚决反对佛教的“神不灭论”“报应说”等学说。“衡阳论辩”的起因，是佛教徒慧琳撰写了一篇《白黑论》，文章假借“白学先生”与“黑学道士”的问答来表达他对于儒家、佛教优劣异同的看法，主张形体一旦消亡，神识也随之散灭，并有“抑佛扬儒”之意。何承天与慧琳相交甚好，他看到慧琳这篇文章后，便把它寄给了结庐衡山的居士宗炳，二人就此进行了一番围绕着“神不灭论”“报应说”的争论。与此同时，何承天亲自撰写了一篇《达性论》来呼应慧琳之说，颜延之和他围绕着“众生观”展开了激烈的争论。整个论辩期间，何承天写出《达性论》《报应问》《答颜永嘉书》《重答颜永嘉书》《与宗居士论释慧琳白黑论书》《又答宗居士书》《重答宗居士书》《答江氏问》等作品。何承天的主要观点：一是坚持“神灭论”，主张“生必有死，形弊神散”，“神随形灭”，自然而然，不会轮回再生；二是认为儒家经典中的鬼神之说只不过是圣人神道设教的一时权宜，佛教的“因果报应”也只是劝人为善的权宜之教，并非一种事实；三是人为万物之灵，并非与动物并列的“众生”，人与动物的生命有本质区别，“轮回转世”是不存在的，“杀生”会遭到报应不足为信。宗炳、颜延之等人的观点，则与此截然相反。尽管何承天的一些论述在理论上还存在一些漏洞，因此无法说服宗炳、颜延之等人，但为范缜《神灭论》及其反佛大论战，奠定了一定的思想基础。

道教与佛教的冲突，则集中发生在南岳。例如，在慧思弘法南岳以前，佛教在南岳的势力微弱，而道教的势力一直较强。慧思为了在南岳扎根，就命人事先在沉有房殿地基处埋下枯骨和僧用器皿，然后谎称自己前世曾在此出家修行，要人们按照他所指的位置挖出相应的物品，以证明他所言不虚。南岳九仙观以欧阳正则为首的道士也不甘示弱，用同样的方法，在山上埋藏兵器，诬告慧思是北齐派来的间谍，以至于慧思亲自前往京城面见陈宣帝以证清白。最终，朝廷查实道士诬告，要治他们死罪，慧思则请求免了他们的死罪，而让他们回到南岳侍奉僧众以示惩戒。至此，佛教与道教争夺南岳的斗争，以佛教胜利而告终。

六

隋唐风雅　文化之盛

经过魏晋南北朝的分裂，到了隋唐时期，中国迎来了历史上又一个大一统的强盛时期。长期归属南朝政权控制的湖湘大地也随着隋军平定陈朝而再次回归大一统王朝的管辖之下。在大一统政权下，湖南政局稳定，州县官员由中央统一铨选注拟，湖南虽依旧被中原人视作烟瘴之地，那些被贬至此地的官员也不免有些情绪，但既来之则安之者也大有人在，再加上正常升迁、注官至湖湘大地的官员们的先后接力，遵守朝廷法纪，尊重民情民风，有些官员如刘景先、张谓、李岘、苏师道、元结等人在湖湘兴教化、止讼争、赈灾荒、养贫弱，还兴修了一些水利工程，促进农业发展，湖南因此经济稳步发展，人口不断增加，百姓安居乐业。在长达数百年的国家大一统政权下，湖南南、北之间和各地交流加强，湖南政局稳定，社会经济和文化发展进入了一个新的阶段。不过，此时的湖南，在中央王朝和一些中原人看来，仍然是“蛮夷”瘴病之地，因而常常成为朝廷“罪臣”贬谪之所。流寓人物群体的诗文创作实践，对于进一步开拓和发展南北文化交流，以及为湖湘文化学术体系的构建奠定了基础。

（一）湖湘文化区域界定

隋代时期，今湖南地区置有长沙、衡山、桂阳、巴陵、零陵、武陵、澧阳、沅陵八郡，共领34县。至唐代，今湖南地区置有潭州、衡州、岳州、澧州等14州郡及1羁縻州即晃州，共领56县，分属于江南西道、黔中道。

“湖南”得名与交通要道 湖南地区虽早已出现了令世人耀目的文明，但“湖南”之得名，却是到了唐代安史之乱以后。安史之乱后，湖南虽然也经历了政权更迭、藩镇混战、民众起义，但相比战乱频仍的中原等地区，政治环境较为安定，尤其是马楚建都长沙，马殷为增强马楚政权的实力，从内政、外交、农商等多个层面积极发展湖南本土势力，从而使湖南在唐末五代时期的社会经济水平得到极大的提升，农业开垦面积因为边远山区的开发与有效使用得以扩大，茶商经济规模颇为可观，铜官窑的瓷器远销海内外，湖南的区域发展得以上了一个大台阶。

广德二年（764），唐代宗颁布了一条新诏令，即在全国各地新设一批防御使、观察使、团练使，湖南观察使便是其中之一。这是湖南得名之始。湖南观察使的区域因在洞庭湖之南而得名，与宋代所置荆湖北路（简称湖北路）隔洞庭相对，是以后来湖南、湖北连称，或简称两湖地区。

隋灭陈朝后再造寰宇，今湖南地区再次回到中原大一统怀抱。隋唐王朝在开拓南下统治岭南地区时，军队、行政人员及战略物资便是通过这条湘桂走廊直抵岭南。岭南酋长冯盎、冼夫人附心隋唐王朝，也是从这条走廊北上经湖湘大地通达中原。后来，随着梅岭道的开通，中原王朝经略岭南，人员、政令多选路直途近连接赣水的梅岭道，但物资运输则依旧选择水运方便的湘漓水道。这是湘桂走廊及湖南在中国古代交通史上的重要作用。

马楚政权与商贸文化　五代时期，起自河南、江西的马殷集团进入湖南，以潭州（今长沙市）为都城建立了楚国。至后唐时，李嗣源遣册礼使至湖南，封马殷（852—930）为楚国王。马楚政权以长沙为中心，疆域最盛时坐拥潭、邵、衡、永、道等20余州，置有武安、武平、武江等节度使，其辖境相当于今湖南全省、广西大部及广东、贵州的一部分。马楚君臣深刻地认识到湖湘大地是其政权的根据地，因此在抚育湖湘士民时颇为用心，奖励耕织、均平赋税，制定了一系列保境安民的政策，立足可持续发展及与湖湘士民长远共存。

鉴于湖湘本地产业优势及通商环境，马氏政权积极发展茶叶经济，鼓励农民于山野种茶、售茶。官府在境内外的交通线上设立货栈“回图务”，将茶叶运往河南、河北售卖，以换取纺织品及战马。此即“茶马贸易”。马楚政府不但可向茶商收取商税以赡国用，还可“于中原卖茶之利，岁百万计”，又可以茶换马补充战备力量。同时，马殷怀柔境内诸蛮族，轻其税负，又与蛮族酋豪彭氏联姻得其效力，封彭瑊、彭士愁为辰州、溪州刺史，借蛮族酋长之力以笼络、控制境内蛮族。这也吸引了邻境民族纷纷望风投奔。马楚上奉中原王朝为正朔，换其支持，与周边政权吴、南汉、南平虽偶有摩擦不免兵戎相见，但双方都尽量避免大战，通商往来互通有无。

这些具有鲜明地方主义特色的统治措施让湖南在数十年间维持了相对安定的局面，人口繁衍增多，社会经济蓬勃发展，国用以饶，成为支撑马楚政权的坚实根基。

（二）湖湘流寓文化之盛

相当长的历史时期，湖南都是贬谪、流放之地。在唐人笔下，荆楚湖湘是蛮荒异域，物候、环境与中原等广大北方地区格格不入，因此唐人常以南夷、异域、荒服称之。流落到湖湘大地的北方人，总有种“哀南夷之莫吾知兮，旦余济乎江湘”之苦闷，如出身河东郡的柳宗元便作如是感叹。然而，寓居、流放或途经此地的唐人，在湘风潇雨的洗礼中，为湖湘及中国文化留下了深刻的痕迹，这些痕迹不但为湖湘文化的发展奠定了坚实的基础，也是中国传统文化极有魅力的组成部分。

在这一时期内，较早来到湖湘大地的是王昌龄。

王昌龄年轻时从军西域，诗名满天下，其边塞诗《从军行》《出塞》脍炙人口、名扬四海，但他在西域似乎并未立下拿得出手的军功，是以军职不显。天宝七载（748），王昌龄因言行不谨，被贬龙标（今湖南洪江市），他直白地将这次被贬记为“昨从金陵邑，远谪沅溪滨”。关于在黔阳的这七年，王昌龄过得怎么样，史籍中难探究竟，唯一能够透露出些许情绪的只有他作的诗。在赶往龙标的途中，他写下《听流人水调子》，写得很是忧伤，其诗曰：

孤舟微月对枫林，分付鸣筝与客心。
岭色千重万重雨，断弦收与泪痕深。

途经武陵时，他受到了武陵郡田太守的热情招待。这让他寂寥的心又火热了起来，武陵也因为田太守而变得可亲。田太守主持的这场招待宴会，很可能邀集了武陵郡、武陵县大小官员如袁姓县丞及武陵郡有名的宗教界人士如黄道士、炼丹师黄某某。这样规格的饭局搅动了西贬潇雨凄凄之地的王昌龄的心湖。他接连写了《答武陵田太守》《武陵田太守席送司马卢溪》《武陵龙兴观黄道士房问易因题》《武陵开元观黄炼师院三首》《留别武陵袁丞》等一系列诗作，以表达答谢、辞别之意，或具体讨论某问题。

他在龙标的日子，似乎平静而悠闲，有酒有闲情，天晴好的夏日夜晚，呼朋引伴于沅溪边野宴，他在《龙标野宴》里写道：

沅溪夏晚足凉风，春酒相携就竹丛。
莫道弦歌愁远谪，青山明月不曾空。

但更多的时候，我们读到的是他的苍凉与自怜，当朋友李擢离开他去江东时，他愁得很：

离肠便千里，远梦生江楼。

楚国橙橘暗，吴门烟雨愁。

当魏二与他辞别时，他也郁闷得很。橘子、柚子都是湖南土产，是常见的待客小食，香则香矣，但在王昌龄的诗里，总是与离别、愁苦联系在一起的。李擢、魏二离开他时，他可能都吃了橘、柚，却也愁肠满腹。远离权力中心和上层社会的他，在龙标的七年不过弹指一挥间。

王昌龄曾从江宁远赴润州，在芙蓉楼送别好友辛渐去洛阳，后来的黔阳人感念他与好友的惜别之心，在黔阳城中立起了芙蓉楼，来表达黔阳人对王昌龄的惜别之意。该楼几经修复，至今依旧巍巍矗立。

因政治斗争失败而被贬湖南者有刘禹锡、柳宗元等人。湖南迎来刘禹锡、柳宗元，是因为永贞革新的失败。唐顺宗永贞年间（805），翰林院待诏王叔文、翰林学士王伾受到时为太子的顺宗的信任、器重，他们举荐、任用韦执谊、韩泰、陈谏、柳宗元、刘禹锡、韩晔、凌准、程异等人锐意改革，主要体现在打击宦官势力、贪官，抑制藩镇等方面。由于宦官等反对派的反对，再加上改革派根基较浅、能力有限，彼此间又心存猜忌，永贞革新仅持续了一百多天就以失败而告终，王叔文等人都被远贬，韦执谊、韩泰、柳宗元、刘禹锡等八人也被贬往偏远之地为司马，故又称“二王八司马事件”。

这八司马之中，刘禹锡被贬为朗州（今常德市）司马、柳宗元被贬为永州司马。刘禹锡在元和九年（814）十二月被召回京师，柳宗元则在次年被召回。他们都在湖南生活了约十年，留下了大量的作品。刘禹锡现存的诗文有800余首诗、240多篇文赋，其中有200多首（篇）是在朗州写的。内容主要涉及朗州的风土人情、个人生活等。司马虽为州刺史的副手、佐官，上州司马甚至为五品官，但这外贬的八司马是“员外置同正员”，即仅享受司马的待遇，却并无职权，刘禹锡是以极为悠闲，有大量的时间游山玩水、访求名胜古迹并进行采风创作，相关的作品如《竞渡曲》《采菱行》《汉寿城春望》《经檀道济故垒》《龙阳县歌》《杨柳枝词》《竹枝词》《浪淘沙词》《踏歌词》《堤上行》都对朗州地方特色进行了描绘与提炼，展现出朗州的自然环境、多彩的水乡活动，好巫喜舞、尚鬼重祠等祭祀习俗与率性淳朴的民风。

在朗州的十年，刘禹锡也完成了精神境界的飞升。他刚到朗州时，先是失了爱马，后又痛失爱妻，他自己也对朗州的环境气候表现得极度不适，常常卧病，他在《卧病闻常山旋师策勋宥过王泽大洽因寄李六侍御》中写道：

南国异气候，火旻尚昏霾。
瘴烟跕飞羽，沴气伤百骸。
…………
逐客憔悴久，故乡云雨乖。

在《砥石赋》的引言中，他也写道：“南方气泄而雨淫，地慝而伤物，媪神噫湿，渝色坏味，虽金之坚，亦失恒性。”说即使坚硬如金，在朗州潮湿多雨的天气中也会失去本性。因此，他的作品中常常流露出愤懑、悲凉、忧苦的情绪。到了后来，他逐渐接受了被贬的事实，渐渐被朗州生活气息所感染，他在《堤上行三首·其二》中写道：

江南江北望烟波，入夜行人相应歌。
《桃叶》传情《竹枝》怨，水流无限月明多。

朗州城外沅江环流，江边堤岸高筑，酒楼林立，彩旗飘飘，江中商船商贾南来北往，夜幕降临，青年男女在堤上起舞踏歌，这样生动繁华的水乡生活，对北方人刘禹锡来说是新奇而欢快的，他的情绪也因此趋向平和、开朗、豁达。刘禹锡后来成为中国古代诗人打不死、锤不烂的“铜豌豆”，很大程度上正得益于这十年的朗州经历，在朗州的生活磨砺出他不屈不挠且超然淡泊的心性。刘禹锡在朗州十年，为中国传统文化培育了一颗不屈不挠、不以成败论英雄的精神内核。

同样，柳宗元与永州也是湖湘文化里极为重要的一页。

永州山水，本是寂寂无名，多为“唐氏之弃地”，却因柳宗元书写永州而得以建构为一种文化符号。在永州的十年，柳宗元写下近二十篇游记，多为山水游记，其中尤以《永州八记》最为世人所熟知。《永州八记》即《始得西山宴游记》《钴鉧潭记》《钴鉧潭西小丘记》《至小丘西小石潭记》《袁家渴记》《石渠记》《石涧记》《小石城山记》，涉及零陵古城潇水西岸沿线的西山、钴鉧潭、西小丘、小石潭、小石城山、袁家渴、石渠、石涧八处山水，因为他的文字，这八处山

永州柳子庙

水后来成为永州的知名景观。

柳宗元在永州创作了大量传之后世的散文，一改六朝隋唐赋文受音韵形体之累而伤内容之弊，让文章形体服务于内容，开创散文创作的新局面，他留下的作品，既有《捕蛇者说》《河间传》《宋清传》等作品鞭笞苛政猛于虎，心存百姓疾苦，又作《三戒》（《黔之驴》《临江之麋》《永某氏之鼠》）以寓言的形式阐释道理教化一方之民，还作了《罴说》《鞭贾》等影响深远的犀利小文。《罴说》以楚南为场景，塑造了猎人、鹿、貙、虎、罴等角色，讽刺猎人不好好练习狩猎的本领，反倒依靠手段投机取巧，最终难逃被罴吃掉的结局。《鞭贾》以讥讽卖鞭子的商人招摇撞骗、欺诈巧取与不辨真伪、甘心受骗的富家子，以劣鞭喻胸无实才、窃居高位者，以鞭贾的故事说明无能的高官显贵平时无用于世，有事时遗害于国的道理。

杜甫在大历三年（768）由巴陵入湖南，在“舟雪洒寒灯”的冬季，杜甫来到洞庭湖、岳州（今岳阳），次年早春，溯湘江而上，经乔口、铜官抵达潭州。这次入湘，是因为他长期依靠的成都府尹严武不幸早逝，为了生存，他离开成都浣花溪畔的草堂，想要投奔好友衡州刺史韦之晋。到了潭州后，杜甫“辍棹青枫浦，双枫旧已摧”，将舟泊在青枫浦（其南便是长沙驿），也就是今日的杜甫江阁一带。湘江之畔给他留下了好印象，因为他说“岸花飞送客，樯燕语留人”。在潭州稍作停留后，他继续南下衡阳。不巧的是，当他抵达衡阳后，才知道韦之晋早已改任他处，如今已往长沙去了。杜甫因此调转船头顺水而下，再一次将船停在了青枫浦。韦之晋与杜甫相见，两人都极为高兴，

长沙杜甫江阁

他们在岳麓山上流连忘返，杜甫所作《岳麓山道林二寺行》略云：

桃源人家易制度，橘洲田土仍膏腴。
潭府邑中甚淳古，太守庭内不喧呼。
昔遭衰世皆晦迹，今幸乐国养微躯。
依止老宿亦未晚，富贵功名焉足图。
久为野客寻幽惯，细学何颙免兴孤。
一重一掩吾肺腑，山鸟山花吾友于。
宋公放逐曾题壁，物色分留与老夫。

夸长沙被治理得处处皆是“桃源人家”，田土膏腴、民风淳古，而杜甫自己则颇有寄身于此、安度残年的意思。

诗仙李白也曾驻足湖南。他比杜甫早来了几年，是以犯人的身份。吟着“仰天大笑出门去，吾辈岂是蓬蒿人”的李白，有很强的建功立业之心。安史之乱爆发后，李白从金陵逃往宋城，沿长江西上，与妻儿逃入庐山隐居。安居未久，便被请出庐山，东巡江南各地。至德二年（757）二月，高适等人与李璘对战丹阳，李璘兵败，旋即被杀。李白从丹阳南逃，很快被捕入狱，后被流放夜郎。乾元二年（759）三月，李白行至白帝（今奉节）时，遇赦返回。次年，他游洞庭、衡岳，直抵零陵，又从零陵返巴陵、出洞庭。在湖南游历的这段时间里，他写下了 30 多首诗篇，描写、歌颂湖南的山川景色，尤其是游洞庭、登岳阳楼的诗作，更为千古佳句。

几年之后，元结出任道州刺史，之后还曾因事被短暂贬为春陵太守，大历初年被再次起任为道州刺史。在湖南任上，元结清正廉明，体恤民情，其所作《春陵行》《贼退示官吏》被年迈的杜甫读到后，盛赞云：

粲粲元道州，前圣畏后生。
观乎春陵作，欻见俊哲情。
复览贼退篇，结也实国桢。
贾谊昔流恸，匡衡常引经。
道州忧黎庶，词气浩纵横。
两章对秋月，一字偕华星。

《大唐中兴颂》拓片

四十几年后，即贞元十九年（803），监察御史韩愈因上疏请求宽免平民税钱而触犯贵臣被贬连州阳山（今广东阳山，近湖南郴州）县令。两年后遇赦，被徙江陵，韩愈经郴州、衡州、潭州、岳州过洞庭，在这7个月的旅途中，他写下了《八月十五夜赠张功曹》《谒衡岳庙遂宿岳寺题门楼》《岣嵝山》《岳阳楼别窦司直》《洞庭湖阻风赠张十一署》10多篇诗文。

《大唐中兴颂碑》 《大唐中兴颂碑》是重要的湖湘文化标识。永州祁阳县南的浯溪原本是湘江河畔的一条无名小溪，到唐时因元结而得名，从此成为湖湘大地上源远流长的一支文脉，而浯溪岸边的摩崖石刻则成了湖湘文化的一座光芒万丈的丰碑。

唐代宗广德元年（763），在安史之乱中成长起来的元结出任道州刺史，路经祁阳浯溪，作《浯溪铭》《峿台铭》《吾庼铭》《东崖铭》《寒泉铭》，不厌其烦地将他对浯溪的欢喜诉诸笔端，传之四方。

上元二年（761）秋，身在道州的元结写下了《大唐中兴颂》以“记平安史之乱，颂大唐中兴之事”。元结将《大唐中兴颂》寄给好友们品鉴，其中一份便被寄到了抚州刺史颜真卿手里。大历六年（771），卸任抚州刺史的颜真卿接受元结的邀请，一路向西，而后沿湘水南下，抵达浯溪，将《大唐中兴颂》洋洋洒洒地书写出来。其后，他的丹书便被工匠刻在浯溪临江处最高的一块石壁上。此即《大唐中兴颂碑》。

《大唐中兴颂碑》是颜真卿传世书法作品中字迹最大者。碑文虽为楷书，却用了篆隶的笔法，一笔一画，刚劲有力。字形方严正大，结构紧密，间架端正，笔画平直，气势壮阔，韵味浑厚。黄庭坚曾赞曰“大字无过《瘗鹤铭》，晚有名崖《颂中兴》”。

由元结作文、颜真卿书丹的浯溪《大唐中兴颂碑》，成为湖湘大地的文化地标，引得历代文人墨客慕名而来。由于该碑文为中兴颂，饱含浓重的历史感，该处也成为后世之人表达同类情感诉求与政治关怀的承载空间，涌现了大量以元结《大唐中兴颂》为中心的同题之作。尤其是在南宋，出现了大量的“中兴颂”文。这是因为靖康之变后，北宋灭亡，南宋重建政权，但却仅得半壁江山，南宋士人蜂拥至浯溪，于凭吊历史古迹间，抒发南渡士人之感伤与期望。

《大唐中兴颂碑》留迹于浯溪悬崖，但大唐却再未回到开元鼎盛。唐王朝在湖南的统治风雨飘摇，湖湘地区动荡不安，先后发生了臧玠之乱、王国良反叛、湖南观察使多次被逐等事件。直到刘建锋、马殷率军攻取潭州后，湖南局势才渐趋安定。

（三）本土文教之兴

隋唐时期，湖湘本土文化与外来文化交相辉映，呈现出繁荣的景象，在诗歌、古文、书法艺术、哲学、史学、科技等领域，成绩卓著，为我国文化宝库留下许多极为珍贵的遗产，为中华文化的发展作出了重要贡献。

隋朝废除汉魏以来为世族垄断的“九品中正制”，设科考试选拔官吏，唐代的科举制度更加完备。这是中国封建社会官吏选举制度的重大变革。唐开元十八年（730），长沙欧阳稚，进士及第，官至商州刺史。这是自隋唐开科取士以来见诸文献记载的湖南地区第一名进士。太和二年（828），李郃以进士第一及第，为兴科举后湖南第一名状元，官至贺州刺史。

隋唐五代时期，湖南地区的学校教育也有初步发展，一批州、县学开始兴起，如衡山县学、道州学、永州府学、江华县学、武冈州学、桂阳州学等。唐代书院开始兴盛，如，唐元和年间（806—820），李宽建衡州府石鼓书院，唐李泌之子李繁建衡山县邺侯书院，为当地教育发展作出贡献。

唐　欧阳询《九成宫醴泉铭》

在湘风潇雨中，湖南在唐代时期也孕育了一大批本土文化名人。如欧阳询、欧阳通、欧阳凯、刘蜕、覃季子、柳祥等人，欧阳凯撰有《五代史初要》，欧阳询留下的《艺文类聚》更是传世名著。欧阳询、欧阳通父子与怀素在书法史上的造诣更是独步天下，以“欧体”与狂草而著称。

欧阳询、欧阳通父子原为长沙人，欧阳询的书法师法王羲之，在王羲之书法的基础上又有所创新，笔法险劲刚强，尤以正书为胜，宋代朱长文《续书断》评价曰：“其正书，纤浓得中，刚劲不挠，有正人执法、面折廷争之风；至其点画工妙，意态精密，无以尚也。”《宣和书谱》称其正书为“翰墨之冠”。后人将欧阳询与虞世南、褚遂良、薛稷并称为“唐初四大书法家”，或与虞世南并称为“欧虞”，其正书则被称为“欧体”。欧阳通年幼之时，欧阳询已逝，其母独自将其抚养长大。欧阳通朝夕临摹父亲书法作品，颇得其精髓，有《道因法师碑》《泉南生墓志铭》等作品传世。虞世南称其书法功力当在褚遂良之上。时人称其父子书法为“大小欧阳体”。

继欧阳询父子之后，湖南又迎来了中唐时期著名的大书法家怀素。怀素幼年便出家为僧，相传他练习书法极为刻苦，秃笔成冢。他还种植了一片芭蕉林，在芭蕉叶上练习草书，自号所居之所为“绿天庵”。李白作诗《草书歌行》，称赞怀素草书“天下称独步”，形容其作品：

少年上人号怀素，草书天下称独步。

墨池飞出北溟鱼，笔锋杀尽中山兔。

八月九月天气凉，酒徒词客满高堂。
笺麻素绢排数箱，宣州石砚墨色光。
吾师醉后倚绳床，须臾扫尽数千张。
飘风骤雨惊飒飒，落花飞雪何茫茫！
起来向壁不停手，一行数字大如斗。
恍恍如闻神鬼惊，时时只见龙蛇走。
左盘右蹙如惊电，状同楚汉相攻战。
湖南七郡凡几家，家家屏障书题遍。
王逸少，张伯英，古来几许浪得名。
张颠老死不足数，我师此义不师古。
古来万事贵天生，何必要公孙大娘浑脱舞。

怀素嗜酒，酒后泼墨于寺院墙壁、衣裳器皿，无处不可下笔，其草书如疾风骤雨、

唐 怀素 《自叙帖》（局部）

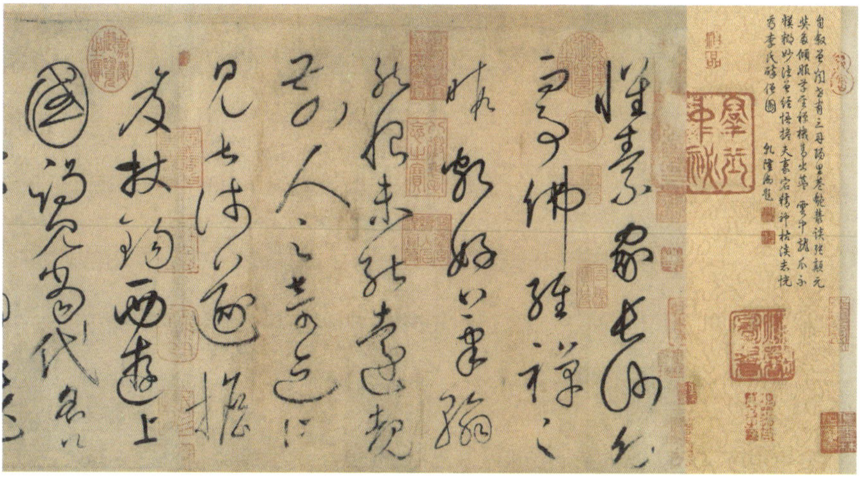

龙飞凤舞，时人称其为“醉僧”。传世作品有《自叙帖》《绿天庵记》等。

隋唐五代的文学创作丰富多彩，而尤以诗词和古文最为兴盛。湖南文学也获得了相当大的发展。特别是唐中叶以后，产生了诸如刘蜕、李群玉、胡曾、僧齐己等在全国颇有名声的诗文作家。

后晋天福四年（939），马希范建天策府，置十八学士，其中诗文方面造诣较高可堪称道者，有李宏皋、廖匡图、徐仲雅、何仲举、刘昭禹五人。此外，马楚时，湖南还有一些较知名的诗文作家不在学士之列，如欧阳彬、廖凝、廖融、邓洵美等，可称之为府外诗人。

隋唐五代湖南的史学、地学及其他学术科目比较薄弱，但也有所发展，在这些领域也取得了一定的成就，有一些传世之作。如，长沙欧阳询不仅工于书法，而且长于治史。他曾先后参与《魏书》《陈书》的撰修。欧阳询的传世巨著为《艺文类聚》，共100卷，保存了不少隋唐以前的珍贵史料。

隋唐时期佛教盛行，以南岳衡山为代表的湖南地区也在成为佛教传播的重要区域之一。南岳怀让、马祖道一、石头希迁、丹霞天然、沩山灵祐等一大批高僧大德先后在湖南修行传法，福严寺（即般若寺）、南台寺、丹霞寺、湘南寺、祝圣寺、上封寺等一大批寺庙发展成为闻名全国的佛教名刹。尤为值得一提的，还有这一时期佛教禅宗在湖南的传播。禅宗在隋唐时期得到迅速发展，至中唐以后逐渐取得佛教正统地位。禅宗分南、北两宗，南方占主导地位的为南宗。南宗自六祖慧能之后形成了以青原行思、南岳怀让、菏泽神会为代表的三大系统。至晚唐五代时期，所有禅宗派别汇集为南岳系与青原系，两者皆与湖南关系密切。南岳系的开创者即为怀让禅师（677—744），他为六祖慧能弟子，在南岳福严寺弘扬佛法，门下弟子众多，形成了佛教禅宗的主流派别，其死后被尊为禅宗七祖。南岳怀让的再传弟子灵祐禅师（771—853）又在今天宁乡的沩山登坛说法，开创了禅宗南岳系中最早的一个宗派——沩仰宗，在晚唐五代时期兴盛一时。

南岳衡山道教也得到了发展。魏晋南北朝时兴建的南岳道观阳平观、南岳观、九真观，至隋唐五代依旧为一些著名道士如司马承祯等潜修布道之所。除旧观外，又兴建了黄庭观、南岳真君祠等数处著名的道观。

（四）铜官窑与海上丝绸之路

铜官窑，又称长沙窑，窑址位于今长沙市北25公里处的望城区，距离今铜官镇5公里，附近有石渚湖，故又称石渚窑。石渚，或写作石瀦，渚，意即水中小洲，唐后期湘籍诗人李群玉有《石瀦》诗云：

古岸陶为器，高林尽一焚。
焰红湘浦口，烟浊洞庭云。
迥野煤飞乱，遥空爆响闻。
地形穿凿势，恐到祝融坟。

此诗描绘了当时铜官窑的烧造盛况。这是铜官窑见于史籍的唯一记载。关于铜官窑的详情，基本上都赖于考古发掘。从1956年在铜官附近的瓦渣坪发现窑址，经文物部门多次调查发掘，至今已知铜官窑遗址以瓦渣坪为中心，总面积约68万平方米，其中龙窑遗址76处（谭家坡龙窑是目前世界上保存最完整的唐代龙窑），采泥矿遗址24处，遗址区域内有保存完好的市场遗址、码头遗址、货藏区及生活区、墓葬区。铜官窑出土的器物有瓶壶、碗碟、坛、洗、钵、盏、人俑、玩具、炉、鼎、灯等。与同类遗址相比，铜官窑具有不可替代的重要地位，是我国陶瓷生产发展史上具有里程碑意义的一处遗址。1988 年 1 月，该遗址便被国务院确定为全国重点文物保护单位，2006 年被列为全国 100 个重要大遗址保护项目。铜官窑始于初唐，盛于中晚唐，衰于五代，前后延续了 200 多年，是与浙江越窑、河北邢窑齐名的唐代三大出口瓷窑之一。

铜官窑的瓷器胎质与岳州湘阴窑类似，大部分呈灰白色，少部分呈肉褐色。湘阴窑属青瓷系统，陶胎灰白，施青豆色釉，也有少数酱黄色釉。铜官窑早期瓷器均为青釉，这一断代大概在武则天统治以前。约从武则天时期开始，一直到唐宪宗元和以前，铜官窑除烧制单一的青釉瓷外，还应用多种金属氧化物烧制出绿、蓝、白、褐等多色釉瓷，这一时期为颜色釉阶段，但铜官窑在陶瓷史上最突出的地方在于它是世界釉下彩的发源地。大概是从元和年间开始，铜官窑发明了釉下彩。已发掘出土的釉下彩，有各色图案、写实画面或诗词创作等。釉下彩瓷的出现，打破了当时世界瓷器仅有青瓷和白瓷的格局。

在瓷器上题诗，可谓是铜官窑釉下彩瓷工艺的又一创新。其他窑瓷上虽也有题字，但基本都是年号、吉祥语或工匠的名字等简单信息，通常也都非常工整而典雅，而铜官窑的瓷器上书写了大量的文字，内容有诗、连句、单句，用以装饰，其字用毛笔书写，字迹虽不乏工整者，但更有颇为潦草、随意、畅快者，呈现出鲜明的世俗、民间烟火意趣。工匠创作、题写、烧制在陶瓷器具上的这些诗，开了“瓷诗”之先河，

唐 青釉褐彩诗文执壶

内容与风景、爱情、离别、劝诫、饮酒、边塞等主题、场景有关，呈现出浓浓的烟火气息。

据统计，铜官窑瓷诗共有五言诗24首，六言诗1首。其中常见并广泛书写于各类器具上的主要有：“君生我未生，我生君已老。君恨我生迟，我恨君生早。”“一别行千里，来时未有期。月中三十日，无夜不相思。”“男儿大丈夫，何用本乡居。明月家家有，黄金何处无。”“天地平如水，王道自然开。家中无学子，官从何处来。”

工匠们还将陶瓷器具用作了广告屏，在朝鲜发现的铜官窑瓷壶上面写着“卞家小口天下有名”“郑家小口天下第一”，还有一些诗句如“买人心惆怅，卖人心不安。题诗安瓶上，将与买人看”则是为了让犹豫不决的顾客掏钱下单，这样的灵感与创意，实为创举，让人莞尔。

铜官窑瓷器的出口反映了湖南地区对外交流的兴盛。

铜官窑的产品大量出口海外，已打捞、发掘出来的产品既有地方特色浓厚的本土产品，也有异域文化特征鲜明的产品。这些产品很可能是海外定制的。1998 年，在印度尼西亚勿里洞岛海岸附近的海床上，发现了一艘唐代的沉船，船靠近一块黑色大礁岩，因此被命名为“黑石号”。“黑石号”上最令人瞩目的是大量的瓷器，多达 6 万多件，其中 5 万多件瓷器风格、质地相似，瓷碟上的“湖南道草市石渚盂子有明樊家记”道明了这批瓷器的产地为铜官窑。很多瓷器都呈现出鲜明的异域特色，包括瓷壶的造型、类型，瓷器上的装饰艺术如热带植物棕榈树、阿拉伯文、伊斯兰风格的彩绘等。目前，已在朝鲜、日本、印度尼西亚、伊朗、巴基斯坦、肯尼亚等数十个国家都发现了铜官窑瓷器。大量外销瓷风格瓷器的出土证明铜官窑是中晚唐时期外销瓷的重要产地之一，也是中晚唐海上丝绸之路和中外物质文化交流的重要端口，铜官窑因此被考古学家称为 1000 年前的“世界工厂”。

瓷器外销，运输工具主要靠船只。这与湖湘地区的造船技术密不可分。长沙、常德（时称朗州）很早就是重要的船舶生产基地。长沙造大舰，常德则多造黄黑龙船。荆湖地区位处长江中游，支流、湖泊众多，出行大多靠船只。潭州“丹槛缭郭千艘屯”，地理特征决定了交通工具的选择，再加上湖南地区林木密集，造船原料充沛，尤其是富有制造大舰的巨型木料，造船业自然而然发展起来。贞观年间征伐辽东前，朝廷便令潭州造大舰。《唐鉴》卷六载朝廷“输直雇潭人造船……大船一艘庸绢二千二百三十六匹”，表明潭州能够承建大吨位的船舶。而负责制造“黄黑龙船”的常德，即为武陵，刘禹锡称武陵“拥楫舟为市”，位居沅水下游，东接洞庭湖。船在朗州造好之后，可沿沅水入洞庭而后入湘江或长江，甚为便利。

长沙、常德的造船技术，在全国性的政治、军事活动中发挥了重要作用。比如隋炀帝、唐太宗、唐高宗攻打高句丽，长沙所造大船都在渡海作战时发挥了重要作用。后来北宋灭南唐时，也需要借助长沙、常德所造的大小船只在长江采石矶江面搭建浮桥，从而帮助宋军大举渡江，进攻南唐，统一南北。同时，也为湖湘人和物的出行创造了重要的物质条件。唐宋时期中国物资远销海外，比如“黑石号”上的大宗瓷器远销至印尼，长沙高精尖的造船技术在其中也发挥了不可或缺的重要作用。

七

宋元理学　道统传承

两宋王朝长期承受北方少数民族政权的强大压力，以至给人国力不振之感。但不可否认，两宋却是中国历史上经济与文化发展的一座高峰，诚如陈寅恪先生所说“华夏民族之文化，历数千载之演进，造极于赵宋之世”。在经济上，宋代完成了中国经济重心南移的历史进程。在文化上，以理学为代表的思想体系影响后世数百年。进入元代，中国实现了前所未有的大一统局面，文化交流与融合呈现出新格局。在这一宏观的时代背景下，湖南社会经济也得到了相当发展，更在文化教育上呈现繁荣景象，不仅以岳麓书院为代表的书院教育蓬勃发展，还形成了影响深远的湖湘学派，周敦颐、胡安国、胡宏、张栻等大儒不断涌现，湖湘文化达到了一个前所未有的高峰，并深刻影响中华文化道统的延续。

（一）理学开山

“吾道南来，原是濂溪一脉；大江东去，无非湘水余波。”悬挂于岳麓书院中的这副对联，相传为晚清时期的湖南学者王闿运所作。这副对联所显露出的那份“睥睨天下”的狂傲之气与岳麓书院的门联“惟楚有才，于斯为盛”的宏大气魄相呼应，道出了湖南人的文化自信和底蕴。“濂溪”二字因理学鼻祖周敦颐而为世人所熟知，一提到濂溪就自然而然会想到周敦颐。而这副对联也并不例外，“濂溪一脉”指的正是由周敦颐开创的濂学，是宋代新儒学的开端和重要组成部分。

周敦颐（1017—1073），字茂叔，原名敦实，因避宋英宗名讳改名敦颐。北宋道州营道（今湖南道县）人，世称“濂溪先生”。他为官 30 余年，在今天的江西、湖南、四川和广东等地辗转任职，虽官阶不高，大都在州县一级，但恪尽职守，清正廉洁，不避权势，造福百姓，受到世人的爱戴与敬重，宋代著名文人黄庭坚赞美他：“人品甚高，胸怀洒落，如光风霁月。”

不过周敦颐一生最重要的成就表现在思想上，他是我国古代著名的哲学家、教育家、思想家，与邵雍、张载、程颢、程颐并称为北宋

清 舒浩
《周敦颐爱莲图》

五子。他是理学的开山鼻祖，其思想在传统儒学的发展过程中起到了承前启后的作用。在承接原始儒学精神的同时又以佛、道二教为师，创造出了一套系统化、严密化的心性理论，奠定了理学心性论和境界论的基本模式，为宋代及之后的儒学开启了新的发展方向，他也因此被后人誉为“道学宗主”。

《太极图说》与《通书》 作为享誉

后世的理学名儒，周敦颐一生著述不多却凝练而精深，《太极图说》和《通书》作为其最重要的两部作品，搭建起了理学得以发展的总体框架。在《太极图说》中，周敦颐构建了一个以“太极”为本体的宇宙论，在《通书》中则建立了一个以“诚”为核心的心性论体系。《太极图说》中“无极而太极”的宇宙生成论和《通书》中以“诚”为核心的人性本体论不仅互相贯通还互相补充，为此后理学理论体系的形成奠定了基础。周敦颐通过《太极图说》和《通书》将人生哲学和宇宙论结合在一起，吸收佛、道二家在思维模式上的优点，促进了儒学的哲理化和思辨化，开两宋理学之先河，被朱熹等理学名儒尊为理学宗主。

《爱莲说》　相较于《太极图说》《通书》等专门性哲学著作，周敦颐的另一篇文章可能有着更为广泛而深远的影响，这就是世人所熟知的《爱莲说》。《爱莲说》是宋仁宗嘉祐八年（1063）周敦颐在江西虔州（今赣州）通判任上所作。文章突出了莲花“出淤泥而不染，濯清涟而不妖”的高尚品质，表达了作者对于君子人格的崇尚和追求。《爱莲说》通篇仅一百余字，却以深邃的哲理和优美的文辞，赢得了历代文人的赞誉和推崇。早在南宋时期，理学宗师朱熹就在担任南康知军时兴建了爱莲池，建立了爱莲堂，还特意从周氏后人处求得周敦颐《爱莲说》墨迹刊刻立石于池边，并赋诗一首：“闻道移根玉井旁，开花十丈是寻常。月明露冷无人见，独为先生引兴长。”《爱莲说》是历代文人墨客培养践行君子人格的重要依托，这些文人墨客受到《爱莲说》的启发和影响，创作了难以计数的各色作品，形成了独特的文化现象。

周敦颐及其开创的濂溪之学，不仅在中国的历史上产生了深远影响，还走出国门，影响了以日本和朝鲜半岛为代表的整个东亚文化圈。最早在13世纪，濂溪之学就经由日本僧人俊芿、圆尔辨圆等传入日本，并在随后的几个世纪里逐渐渗透至日本社会的多个层面。与此同时，高丽王朝儒学领袖安珦等人物也将濂溪之学传入朝鲜半岛，形成了与当地文化相结合的新的思想形态。濂溪学的海外传播促进了东亚地区文化的交流与融合，推动了东亚各国在哲学、文学等领域的共同发展，也深化了东亚各国人民之间的友谊和相互理解。

（二）湖湘学派

在周敦颐之后，北宋中期的程颢、程颐兄弟正式创立了理学学派，成为宋代学术中最具影响力的思想派别之一。二程之学在发展过程中，通过弟子们不断向南传播，在南方的影响力日益扩大。两宋之际，胡安国、胡宏、胡寅父子，以及作为胡宏弟子的张栻纷纷定居湖南，推动了理学在湖南的传播，形成了著名的湖湘学派。曾在南宋后期担任湖南安抚使的理学名儒真德秀称："二程之学，龟山得之而南，传之豫章罗氏，罗氏传之延平李氏，李氏传之考亭朱氏，此一派也。上蔡传之武夷胡氏，胡氏传其子五峰，五峰传之南轩张氏，此又一派也。"武夷胡氏即是胡安国父子，真德秀将湖湘学派与朱熹的闽学并称为二程嫡传中两个最为重要的理学流派，可见湖湘学派在宋代的地位与影响。

胡氏奠基　湖湘学派的形成奠基于胡安国、胡宏父子。

胡安国（1074—1138），字康侯，本福建崇安（今武夷山市）人，靖康之变后迁居湖南，苦心孤诣撰成《春秋传》三十卷，深得宋高宗欣赏，认为其"深得圣人之旨"，此书在明朝被官方认定为科举的教科书。胡安国不仅自身服膺于理学，其子胡寅、胡宏、胡宁皆传习其业，深明理学，其中尤以胡宏最为出色。

胡宏（1106—1162），字仁仲，号五峰。他因为秦桧等奸臣当道，绝意仕途，潜心学问，传道授业于衡山之下二十余年，衡阳士人学子景从，被视为一代师表。其理学思想的主体是“性本体论”。他将“性”分为内在性与超越性，内在性指人的本性，而超越性则指宇宙存在的根据或宇宙本体，两者是统一的。他认为，“性”是天下之大“本”，代表了宇宙本体的最高哲学范畴。它涵盖了宇宙天道与人道，是天人合一的思想基础，也是儒家的一种理想境界。清代学者全祖望评价胡宏称：“绍兴诸儒，所造莫出五峰之上。其所作《知言》，东莱以为过于《正蒙》，卒开湖湘之学统。”胡氏父子开湖湘学统，成为以理学为特征，同时又强调经世致用、爱国忧民精神的湖湘学派的奠基者。

南轩之学　由胡氏父子开创的湖湘学派，在张栻那里得到了发扬光大。张栻（1133—1180），字敬夫，号南轩，本为四川绵竹人，是南宋初期著名抗战派宰相张浚之子。他早年曾在其父帐下积极参与了抗击金朝的活动，展现出突出的政治、军事才能。后随父迁居湖南，并拜胡宏为师。胡宏对张栻期许甚高，曾感慨道：“圣门有人矣。”将其视作传道之人。张栻也确实不负乃师所望，成功将湖湘之学光大于胡宏身后。乾道元年（1165），时任湖南安抚使的刘珙重修岳麓书院，聘请张栻为主讲。主讲岳麓书院期间，张栻明确反对“群居佚谭”、“但为决科利禄计”、仅为学习“言语文辞之工而已”的教育理念，坚持辨理欲、明义利、体察求仁，将教学与治国平天下的经世活动联系起来，以培养“得时行道，事业满天下”的经国济世人才，坚持“成就人才，以传斯道而济斯民”的教育指导思想。张栻在理学上的深厚造诣赢得了后世高度肯定，清代学者黄宗羲就评价张栻称：“南轩之学，得之五峰。论其所造，大要比五峰更纯粹，盖由其见处高，践履又实也。”可谓青出于蓝而胜于蓝。故南宋时人将张栻与朱熹、吕祖谦并称为“东南三贤”，湖湘之学的影响力在张栻这里发展到了一个前所未有的高峰。

朱张会讲　在张栻主讲岳麓书院期间，发生了中国学术思想史上著名的朱张会讲。两位宋代理学的宗师级人物共聚岳麓山下，讲学论辩，互相切磋，成就了一段学术佳话。朱熹（1130—1200），字元晦，是宋代理学中闽学一派的开创者，也被视作理学的集大成者。闽学与湖湘学皆源于二程，基本思想相同，但在一些具体问题上仍存在差异，构成了朱熹千里迢迢奔赴岳麓山下与张栻交流问难的动力。

乾道三年（1167）八月，朱熹与弟子从福建崇安出发前往长沙，九月初八抵达潭州，受到了张栻的热情款待。此后两个月的时间里，朱熹与张栻等湖湘学者在岳麓书院围绕《中庸》之义的“未发”“已发”及察识持养之序等问题进行了深入的交流与论辩。两人轮流主讲，彼此辩难。据清代王懋竑在《朱子年谱》中记载，朱熹与张栻的辩论非常激烈，甚至达到了“三日夜而不能合”的程度。正是这种激烈的辩论，使得两人的学术思想得到了更深入的交流和碰撞。尽管两人在某些问题上存在分歧，但经过长时间的辩论和交流，朱熹对张栻的“性为未发，心为已发”“先察识后持养”等观点表示了赞同。朱熹在给友人的信中称：“此（九）月八日抵长沙，今半月矣。荷敬夫爱予甚笃，相与

岳麓书院讲堂

讲明其所未闻，日有问学之益，至幸至幸。”可见他对此番岳麓之行甚为满意。

朱张会讲提供了一种自由讲学、互相讨论、求同存异的学术交流与交往模式。它允许不同学派自由讲学，百家争鸣；它让不同学派相互讨论，推动了学术的融合交流，百花齐放。朱张会讲也开启了湖湘学派与闽学的交流之门，对两派学术思想的形成和发展产生了重要影响。朱、张二人都在相互讨论、相互吸收的过程中，建立起了更为完善的思想体系，进而推动了所在学派学术思想的发展，为宋学的进一步发展做出了重要贡献。朱张会讲也使得湖湘文化从此走向了全国学术的中心舞台。张栻作为湖湘学派的代表人物之一，并没有偏安一隅，而是积极推动学术交流。这不仅展现了湖湘文化“兼容并蓄”的特性，更使湖湘文化得以在全国范围内传播开来。

（三）天下书院半湖湘

宋代文化兴盛，科举发达，与之相应的，就是学校教育的繁荣。宋代是湖南教育最重要的发展时期，无论是在官学教育方面，还是在书院教育方面，湖南都取得了不俗的成绩，尤其在书院教育上，更成为全国颇具特色的存在。

官学教育 宋代自仁宗朝开始，朝廷先后三次大规模地推动兴学运动，不仅在中央层面建立起国子学、太学等完备学校体系，还在全国府州军县建立学校。受这一波又一波朝廷主导下的兴学运动的影响，湖南的地方官府与民众也给予了学校教育以很大的重视，湖南的官学教育得到了迅速发展。在湖南地区的15个州级行政区划中，建立州学10所，军学3所，府学2所，县学41所，合计府州县官学56所，学校普及率达到了75.67%，就全国范围比较来看，仅次于两浙、江南、福建，标志着湖南教育事业已处于全国中上水平。

书院教育 这一时期，湖南在教育上最为突出的特色表现在私立书院教育的兴盛。私人讲学的书院最早出现在唐代中后期，至宋代已形成较为完整的书院制度。唐代湖南地区的书院仅有衡阳石鼓书院等

6所，且多为士大夫隐居读书之处，而非授徒讲学的所在。进入宋代，湖南书院开始大规模兴起，尤其是在南宋时臻于极盛，宋代四大书院中，湖南就有石鼓书院和岳麓书院位列其中，可谓“天下书院半湖湘”。据统计，宋代湖南有书院51所，数量上仅次于江西、浙江，其中岳麓书院、石鼓书院、碧泉书院、城南书院等在全国范围内皆有相当影响。

在宋代湖南的书院中，最具代表性的莫过于岳麓书院。岳麓山自古就是文化名山。西晋以前为道士修炼的“福地”。西晋泰始四年（268）麓山寺创立，有“湖湘第一道场”之称。与麓山寺并称的道林寺，起于六朝，盛于唐。唐代马燧曾建道林精舍于道林寺旁，当时亦称道林精舍为“书院”，因它是隐居读书之处，故也是儒家的活动阵地。儒、佛、道之间的浸润融合，为岳麓书院的创办奠定了文化基础。

岳麓书院是在宋初兴办书院的热潮中正式创建的。北宋开宝九年（976），朱洞出任潭州太守。他在岳麓山兴建讲堂五间，斋舍五十二间，岳麓书院正式诞生。岳麓书院不是官学，但一开办就受到官府的支持和帮助，而且后来历代重兴也多由地方官员主持，形成了岳麓办学的特点之一。朱洞离任后，书院因得不到支持而一度出现“弦歌绝音，俎豆无睹”的萧瑟局面。咸平二年（999），当新一任潭州知州李允则来到岳麓书院后，决定复兴书院往日生机，并探索出一种规制，标志着岳麓书院讲学、藏书、供祀、学田四个组成部分的规制已经形成，奠定了书院的基本格局。自后数百年，相沿因袭，继承发展，并为其他书院所效仿。

大中祥符五年（1012），周式任岳麓书院山长，这是有史志记载的

嶽麓書院
惟楚有材
於斯爲盛
名山壇席
納于大麓
藏之名山

岳麓书院第一位山长。在他的主持下，岳麓书院办学规模大为扩展，学额由原来的60余人增加到“数百人”。周式办学成绩卓著，风闻天下，故受到了宋真宗召见。真宗欲请周式为国子监主簿，但是他坚持要回岳麓执教，真宗被其精神感动，答应他的回山请求，并书“岳麓书院”匾额，还赐予了大量古书典籍。岳麓书院顿时声名大噪，成为全国“四大书院”之一。北宋后期，岳麓书院也逐渐被纳入“潭州三学”的教育体制之中。潭州官学、湘西书院、岳麓书院，自下而上地分成三个等级，岳麓书院成为“三学”中的最高学府。

南宋是岳麓书院发展的鼎盛时期，这段时期书院的发展与理学繁荣息息相关。胡宏曾经辞却投降派秦桧的召用，要求修复岳麓书院，自任山长主持教学，但愿景未能实现。乾道元年（1165），湖南安抚使刘珙担起重建岳麓书院的重任，他“葺学校，访雅行，思以振之”，经过近一年的努力，书院不仅恢复了昔日旧观而且又有扩建。特别是他聘请著名理学家张栻主持教事，进一步提高了岳麓书院的地位与名望。在张栻主持岳麓书院期间发生的朱张会讲，进一步扩大了湖湘学派在全国的影响。张栻前后两次主持岳麓书院，共计7年时光，吸引着一大批求道问学的士子，以至于一些学者“以不得卒业于湖湘为恨”。湖湘学派以岳麓书院为中心而盛极一时，初步奠定了湖湘文化的规模。

宋元易代之际，岳麓书院的学子不畏牺牲，积极投身于抵抗蒙古的斗争中。德祐元年（1275）九月，元兵围潭州，岳麓书院诸生撤至城内，边学习边协同军民抗战，最后“乘城共守”，完全投入战斗。次年正月，元兵破城，岳麓生徒大多壮烈牺牲，幸存者则继续举兵抗战。

湖湘弟子所表现出来的民族气节、爱国主义精神，深受湖湘学派爱国主义思想的熏陶，反之亦对湖湘文化的发展产生了积极影响，被后人赞誉为“南轩先生岳麓之教，身后不衰”。

在湖湘学派教育思想的影响下，岳麓书院培养出了一大批“传道济民”的人才。岳麓书院作为理学、湘学的象征而代代延续，其独特的书院传统得以保存和发展。以岳麓书院为首的书院群之所以能一次次在战火里、废墟中重新兴起，是由于后世名宦、乡贤、儒士积极维修岳麓书院，把复兴岳麓书院与重振湖湘道脉、弘扬湘学精神联系起来。历代山长也积极推崇湖湘学统、继承湖湘学风，对所有来岳麓书院肄业的湖湘后学产生了深刻影响。至今悬挂于岳麓书院讲堂内的66字楹联——“是非审之于己，毁誉听之于人，得失安之于数，陟岳麓峰头，朗月清风，太极悠然可会；君亲恩何以酬，民物命何以立，圣贤道何以传，登赫曦台上，衡云湘水，斯文定有攸归。”生动呈现了朱张会讲之后湖湘学派的精神风貌以及湖湘文化的智慧和格局。

科举勃兴　官学与书院教育的发展，直接影响到了湖南在科举上的成就。创立于隋唐时期的科举制度，在两宋时期得到了进一步的完善参加科举考试成为士人群体最为主要的入仕之途。两宋共举行科考118次，其中北宋69次、南宋49次，录取进士42457人。据统计，宋代湖南有名可考的进士共有908人，仅占全国进士总数的2.14%，比例并不高，但相较于唐代湖南仅占全国0.37%的比例，其取得进步无疑是十分明显的。至于元代，曾在相当长的时期内停废科举，直到元仁宗皇庆二年（1313），才重新恢复科举取士。有元一代，共举行

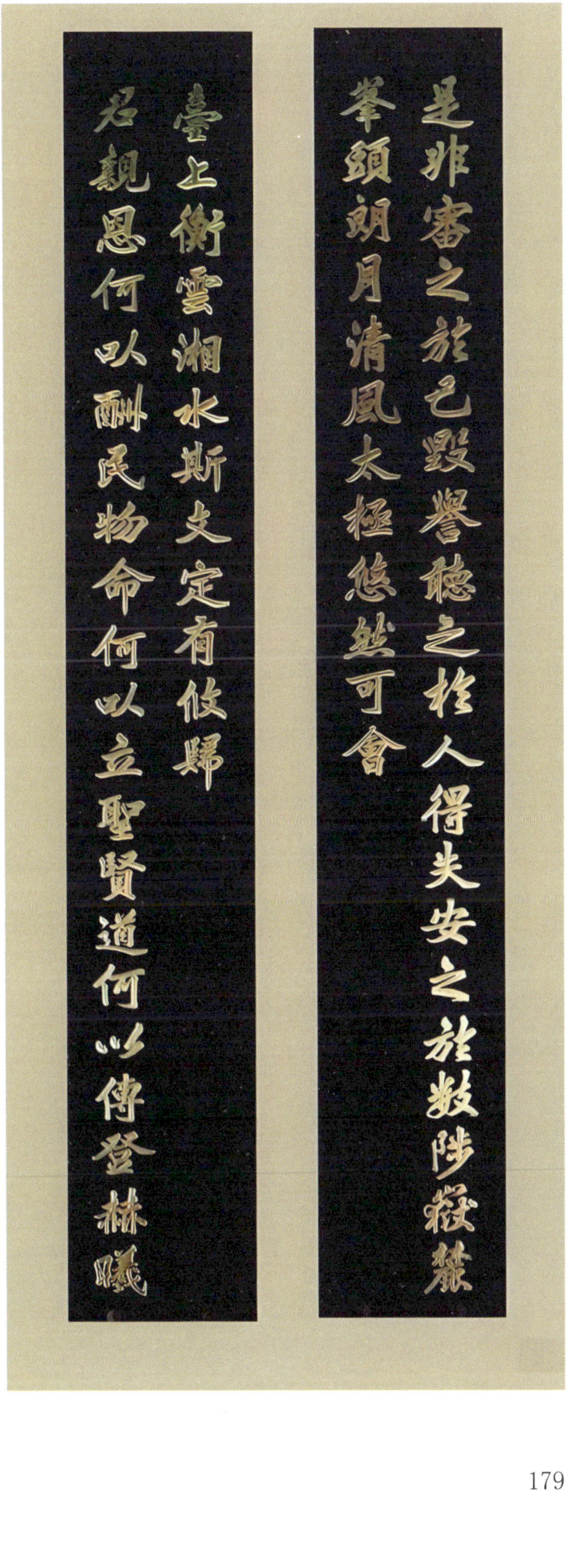

岳麓书院讲堂内清代旷敏本山长所撰长联

科举考试16次，录取进士1139人。据统计，元代湖南进士及第者约有74人，占到全国进士总数的6.49%，相较于宋代的比例又有了进一步提高。宋元时期，在湖南已经出现了一批颇具影响的科举世家。其中祖孙或祖父孙三进士者有邵州周氏、营道周氏两家，父子同为进士的有湘潭狄氏、长沙胥氏、武陵柳氏三家，兄弟同为进士的有邵州李氏、攸县文氏、衡阳郑氏、江华唐氏、永顺周氏、湘阴彭氏、武陵杨氏七家，特别是唐氏、周氏、彭氏兄弟分别在熙宁九年（1076）、元丰二年（1079）、元丰五年（1082）同榜及第。在这些科举世家中，最值得称道的即是周敦颐出身的营道周氏，其父周辅成中大中祥符八年（1015）进士，周敦颐虽非进士，却为理学宗师，周敦颐之子周寿、周涛则分别中元丰五年（1082）、元祐三年（1088）进士。

八

明清气象　船山新风

宋代以降，中国完成了经济中心的南移。在这一历史大趋势中，湖南也深受其益。明清时期，湖南在政治、经济、文化等各方面都取得了长足发展，展现出新的历史气象。元末明初的动乱，带来了湖南人口结构的深刻变化，以江西为主的外省移民大量进入，形成了绵延数百年的“江西填湖广”的移民运动。移民的进入有力推动了湖南社会经济的发展，“湖广熟，天下足”成为湖南新的历史标签。至清朝前期，湖南作为一个独立建置的省份正式出现在中国历史上，湖南人的地方本土意识日益凸显。这一切为湖湘文化焕发勃勃生机奠定了坚实基础，政治、文化精英人物不断涌现，以书院为代表的教育繁荣兴盛，以船山之学为代表的湖湘学术成为湖湘文化的又一座高峰，以魏源、曾国藩为代表的湖湘精英更是将湖湘文化的影响力扩展至全国，极大地丰富了中华文明的内涵。

（一）“江西填湖广”与“湖广熟，天下足”

自明初开始的以“江西填湖广”为代表的大规模移民运动，带来了大量的劳动力和多样的科技与文化，推动了湖南社会经济的迅速发展，出现了“湖广熟，天下足”的空前局面。

江西填湖广　湖湘文化的形成与发展与不同历史时期的移民存在着密切的关系。两宋之际胡安国、张栻等人在湖南的定居，催生出影响深远的湖湘学派，而明清之际的大移民则更是为湖湘文化补充了新鲜血液，赋予了湖湘文化新的面貌。

著名历史地理学家谭其骧先生，曾对晚清湖南宝庆府和靖州、湘阴的氏族进行统计，在统计到的 704 个氏族中，土著氏族只有 9 族，仅占总数的 1%；外来移民氏族合计 580 族，占总数的 82%。其中湖南外来人口中大部分皆来自江西，时间上则集中于元末明初。曹树基也指出，洪武年间在官方户籍上记载的湖南 278.7 万人口中，元末及洪武年间迁入的民籍和军籍移民达 73.1 万人（包括移民移入湖南后所生子女），约占当时全区人口总数的 26.2%，其中江西移民约有 57 万。正因如此，后世遂认为明清时期出现了“江西填湖广”的移民运动。

这场持续数百年的大规模移民运动不仅改变了湖南地区的人口结构，也对当地的经济、文化和社会发展产生了深远影响。

明清时期移民地持续进入，为湖南社会经济的持续发展提供了切实保障。移民影响到了湖南不同地区的开发程度，湖南东部、北部的平原丘陵地带是接受外省移民最早最多的地区，因而在明清时期的开发进程中也处于前列，湘西地区的开发则明显滞后。在明清时期湖南的商业活动中，移民的影响尤为显著。清朝初年，湘潭县“城总土著无几，豫章之商十室而九”。乾隆年间，长沙府下辖的善化县土著“为商贾者殊少”，“操奇赢者，则江苏、闽、晋之民”。外省移民在湖南的商业领域占据绝对优势，湖南与外省的商品交换主要依托他们来完成。移民涌入也带来了先进的文化。明清以来湖南历史上的杰出人物中绝大多数都是移民后裔，如李东阳、陶澍、贺长龄、魏源、胡林翼、曾国藩、左宗棠、彭玉麟、郭嵩焘、罗泽南、李续宾、刘长佑、王闿运、王先谦等，比比皆是。移民进入从整体上改善了湖南的人口素质，推动了湖湘文化的发展。移民进入还带来了湖南社会风俗、民间信仰、语言等方面的变化。明清时期湖南各地开始出现大量的许祖行宫、许真君庙、万寿宫，就与江西移民直接相关。湖南地区的语言也受到了移民进入的影响，尤其是在湘赣交界地带，湖南方言受到江西的影响十分明显。

湖广熟，天下足　伴随着宋元以来中国社会经济重心的南移，东南地区迅速崛起，湖南的社会经济也得到了长足发展，尤其是进入明清时期，湖南在全国经济版图中开始占据重要地位，为湖湘文化的发展提供了经济支撑。

在中国古代社会经济发展史中，曾出现两个颇具代表性的民间谚语，一为“苏湖熟，天下足”，一为“湖广熟，天下足”。两者在时间上差不多前后相继，前者出现在两宋时期，意指以苏州、湖州为代表的太湖流域农业若获丰收，则可供天下之用；后者则流行于明清时期，意指两湖地区若获丰收，亦可满足天下之需。时至今日，两句谚语仍然为人们所津津乐道。“湖广熟，天下足”变为现实，大致在明朝后期的万历年间。其时湖广地区的农业生产得到了较大发展，粮食产量增加，不仅能满足本地之需，更开始源源不断地输出以供应全国。“湖广熟，天下足”的谚语也不断出现在康熙、雍正、乾隆等清朝帝王的各种谕旨、批示之中。至雍正年间，湖广已成为世所公认的“天下第一出米之区”。

从“苏湖熟，天下足”，到“湖广熟，天下足”，以至于后来出现的“湖南熟，天下足”，折射出自唐宋以来中国社会经济发展的重大变化，凸显出两湖尤其是湖南自明清以来在中国社会经济版图中地位的提升。湖南社会经济自明清以来的巨大发展，无疑对湖南的思想、文化、科技、教育等方方面面的发展奠定了物质基础。近代湖湘文化的兴盛，近代湖湘人物群体的涌现，虽有诸多因由，但湖南农业经济在明清时期的发展当构成了其至为重要的一端。

（二）湖南建省

历史上，湖南地区很少被视作一个相对独立完整的地区，更没有形成单独的行政建制。明朝改行省为承宣布政使司，湖广承宣布政使司包括今天的湖南与湖北两省。随着湖南社会经济的发展，其在全国的地位逐渐上升，逐步具备了单独建省的条件。至清朝初年，湖南开始作为独立省份出现在中国的政治版图上。湖湘文化也在这一历史过程中补充了新鲜血液，得到了新的发展。

康熙三年（1664）三月，清政府下令，以湖广武昌、汉阳、黄州、安陆、德安、荆州、襄阳、郧阳八府归湖广巡抚管辖，以长沙、衡州、永州、宝庆、辰州、常德、岳州七府，以及郴、靖二州，归偏沅巡抚管辖。原先统一的湖广省辖区被一分为二，分别划归湖广巡抚与偏沅巡抚治下，这可以视作湖广分省而治的开端。就在确定偏沅巡抚辖区并将之移驻长沙的同时，湖广右布政使司移驻长沙，与留驻武昌的湖广左布政使司分治湖南、湖北，同时增设按察使司。康熙六年（1667），湖广右布政使司改名湖广湖南等处承宣布政使司，雍正元年（1723），又改称湖南布政使司。雍正三年（1725），湖南正式单独设立提督学政一职。至此，长沙已驻有巡抚、布政使司、按察使司，以及学政，掌管民政、财政、司法、教育等职能的衙门皆已齐备，基本形成了完整的省政。

湖南的单独建省有着重要的历史意义。第一，湖广分省而治结束了湖广长期一体的状态，使得湖南作为一个独立行政区划得以存在。政区的长期稳定，既便于掌握省情，利于管理，也便于社会、经济、文化发展计划的制订和实行。第二，湖广的分省而治也有利于维护国家统一，促进社会安定。将长江以南的武汉划归湖北，岳阳划归湖南，可达到互相制约、互相牵制的目的，有利于中央集权统治的加强，避免分割的形成。第三，湖广分省而治后，湖南作为一个整体长期存在，有力推动了其内部各地区之间的整合，刺激了湖南人独立地域意识的觉醒，促进了湖湘文化的发展。

（三）教育与科举的突破

明清时期，湖南教育与科举制度齐头并进。官学与书院等教育机构蓬勃发展，为学子提供了广阔的求学天地。科举上两湖分闱的实现，极大地激发了湖南士子的求学与科考热情，他们勤学不辍，以期金榜题名。教育与科举相互促进，有力推动了湖南文化的繁荣。

学校教育　明朝前期，朝廷重视学校教育，并将学校教育与科举挂钩，规定“科举必由学校”，推动全国范围内掀起了一场兴学的高潮，府州县普遍建立官学。在这种形势下，湖南的官学也得到了迅速发展。至明朝中后期，由于科举腐败，官学教育衰落，书院教育重新得到恢复发展，社会上又掀起了兴办书院的高潮。在元末战火中，岳麓书院遭到焚毁。随着明朝中后期书院教育兴起的浪潮，岳麓书院得以重建。成化年间，长沙知府钱澍重建岳麓书院。正德二年（1507），湖广行省布政使司右参政吴世忠对岳麓书院又进行了大规模改向扩建，使岳麓书院出现了“振美一时”的局面。

康熙二十六年（1687），康熙皇帝颁赐御书“学达性天”的匾额，及十三经、二十一史等书给岳麓书院。至雍正、乾隆年间，岳麓书院

岳麓书院讲堂内
康熙所赐“学达性天”匾

又一再重修，乾隆帝颁赐“道南正脉”匾额。这样，岳麓书院在全国的重要地位再次得到官方认定。

湖南另外一座著名书院衡阳石鼓书院，亦在元末遭到毁坏。永乐年间，衡州知府在旧址上予以重建。弘治、正德、嘉靖年间，衡州地方官员又屡屡加以扩建。湖南其他州县在明清时期亦相继创建了一批新的书院。

明清时期以书院为代表的学校教育的发展，也带来了湖南在科举考试上的成功。据统计，明代自洪武十八年（1385）丁显榜始，迄崇祯十六年（1643）杨廷鉴榜止，82场会试，湖南进士题名的举子共计541人。其中官至显位者不乏其人，如弘治、正德年间，兵部尚书华容刘大

石鼓书院

夏，内阁大学士茶陵李东阳，嘉靖年间内阁大学士巴陵杨一清、茶陵张治，崇祯年间内阁大学士武陵杨嗣昌等等，他们在明朝政治上扮演了重要角色。清朝自顺治九年（1652）开科至道光二十年（1840）共75榜，湖南进士题名者共计441人，中举的则达数千人。其中官至总督、尚书、大学士的就有陈鹏年、彭维新、杨超曾、陈大受、罗源汉、刘权之、何凌汉、陶澍、贺长龄、罗绕典、李星沅、劳崇光、胡林翼、曾国藩等14人。曾国藩、胡林翼等人更成为清朝举足轻重的股肱重臣。

湖广分闱　明清时期湖南在科举考试上的成功，除了归功于学校教育的发展外，还有一个重要的制度性因素，这就是在科举上两湖分闱的实现。科举分闱可以说是湖南建省带来的直接结果，而这一结果对清代以来湖湘文化的发展，对湖湘人才群体的崛起，有着至关重要的意义。明清时期地方科举考试皆分省进行，而自明朝以来，湖南、湖北隶属湖广行省，故湖南士人皆须赴武昌参加考试，路途遥远艰险，严重影响到士人参加科考的积极性。随着湖南、湖北分省的逐渐完成，科举分闱也在湖南官民的强烈要求下得以实现。雍正元年（1723）七月，新即位的雍正皇帝突然颁发上谕，宣布允许两湖分闱，在湖南另设贡院。自雍正二年（1724）开始，湖南士子可就近在长沙的贡院中参加科考。这大大激发了湖南士子的科考热情和登科率。据统计，从雍正二年到光绪八年（1882）的 74 科乡试中，湖南的中举人数为 3888 名，平均每科录取人数约 53 名，是两湖南北分闱前的 3 倍。

科举分闱的实现，录取名额的增加，吸引了更多的湖南人走上了读书求宦之路，也让更多的湖南士子有机会通过科举考试走出湖南，在广阔的天地中建功立业。清代道光以后，湖南人才群体崛起，在政治、军事、文化等领域产生了深远影响，甚至出现了“中兴将相，什九湖湘”的罕见奇观，而他们之中的绝大多数就是通过科举考试进身，或为进士，或为举人。追本溯源，科举分闱的实现成为他们成功背后难以忽视的历史背景。

（四）茶陵诗派

“挥毫当得江山助，不到潇湘岂有诗”，湖南的秀丽山水曾经激发了古往今来无数文人墨客的诗文情思，也赋予了湖湘文化独特的浪漫主义气质。在文学史上，明清时期以小说文学的兴盛而著称，《三国演义》《水浒传》《红楼梦》等家喻户晓，但这一时期的湖南，文学上最为突出的成就则是表现在诗歌艺术的辉煌璀璨。

明代前期，湖南诗歌崛起文坛，出现了一个在当时和后世颇具影响的诗歌流派——茶陵诗派。茶陵诗派是以李东阳为首形成的诗歌流派，因李东阳出身茶陵，故名。

李东阳（1447—1516），字宾之，号西涯，茶陵人。因其家以戍籍居北京，故出生于北京。李东阳才学渊博，文章典雅工丽，当时朝廷典诰多出其手。诗文自成一派，主持文坛数十年，为一代文宗。《明史·李东阳传》评价称：“自明兴以来，宰臣以文章领袖缙绅者，杨士奇后，东阳而已。”李东阳一生著述不断，传世诗歌约 3000 首，文章近千篇，著有《怀麓堂集》《麓堂诗话》等。

李东阳立朝数十年，身居高位，以宰臣身份主盟文坛，加之又交游广泛，喜欢提携后进，出其门下的才学之士不胜枚举，从而形成了一个以他为核心的茶陵诗派。茶陵诗派的成员，最先是李东阳的同年进士和翰林院的同官，如谢铎、张泰、陆釴等人。后来又有李东阳的门生和后学杨一清、吴宽、程敏政、王鏊、邵宝、罗玘、石珤、鲁铎、顾清、何孟春等人加入。他们在文坛尚相互呼应，相互标榜，遂在台阁体之外形成了一股新的文学潮流。

李东阳诗歌理论的核心是“格调说”。在他看来，诗歌作为一种文体尤具鲜明的自身特色。他对诗歌与散文这两种不同的文学体裁进行了严格区分，“诗与文各有体，而每病于不能相通”，两者在形式上各有其内在法度，散文“记述铺叙”“操纵开阖”，其优点在于铺陈记叙，诗歌“高下长短之节”，长处在于吟咏流动，体式分明，不可混淆。

在茶陵诗派中，除李东阳外还有不少来自湖南的著名人物，代表者有杨一清、刘大夏、彭泽、何孟春等。李东阳以宰臣之尊主盟文坛数十年，门生故旧遍天下，以他为核心的茶陵诗派也因此而在文坛上产生了深远影响。茶陵诗派尊崇汉唐、宗法杜甫、对声调音律的注重、对表达真实性情的强调等诗歌创作主张，为当时文坛带来了一股清新的风气，开创了后来前、后七子诗文创作的先河。

（五）船山之学

明清之际，中国社会经历了巨大的变革，产生了一批具有深远影响的思想大家，王夫之、黄宗羲、顾炎武是其杰出代表，被后世尊称为明末清初三大思想家。其中的王夫之正是为湖湘文化所孕育，终成为湖湘文化乃至中华文化的一座高峰。

王夫之（1619—1692），字而农，号薑斋，湖南衡阳人，晚年隐居衡阳石船山，故后人称之为船山先生。王夫之生当明末清初矛盾交错、战火纷飞的年代，一生充满了坎坷和艰辛，早年曾积极投身“反清复明”的活动中，复国失败后归乡隐居。他一生以明朝遗民自居，终身不易服、不剃发。据说，他曾在青天白日之下手撑雨伞、脚踏木屐而行，以示头不顶清朝之天，脚不踏清朝之地。隐居石船山后，他将余生的全部精力都投入到了著书立说中。中国传统学术分为经、史、子、集四大领域，王夫之在这四个领域皆进行了深入探究，并分别提出了独到而深刻的学术见解。现代学者曾根据各种书目及历史文献记载，推算出王夫之一生著作大约有 100 余种，400 多卷，近千万字。其中流传至今的仍有 70 余种，近 500 万字。王夫之的思想博大精深，涵盖哲学、政治、史学和文学等诸多方面，构成了一个庞大的学术思想体系。

在哲学思想上，王夫之以唯物主义为基础，强调物质世界的实在性和客观性。他认为，“气”是宇宙的本原，是构成一切事物的物质基础。他批判了唯心主义关于人的主观精神是宇宙本原的观点，坚持物质是第一性的。在认识论方面，王船山认为知识和行动是密不可分的。同时，他也强调了实践的重要性，认为只有通过实践才能检验真理的正确性。在政治思想上，王夫之主张“道统”与“治统”相结合，强调道德和政治的紧密统一，以“道统”来约束规范“治统”。在史学思想上，王夫之的历史研究视野宏阔，撰著了《读通鉴论》《宋论》等杰出的史学著作。在文学思想上，他认为文学不应该仅仅追求形式上的美感和技巧上的精湛，更应该注重内容的真实性和深刻性，提倡“平淡自然”的文风。

王船山的思想在相当时期内未能引起世人的足够关注，可谓隐而不彰。但这笔宝贵的财富不会永远埋没，在晚清内忧外患、山河破碎的动荡岁月中，出身湖湘的邓显鹤、曾国藩等人先后刊刻《船山遗书》，郭嵩焘亦创建船山祠，创办思贤讲舍，经过几度反复，清政府终于同意将王夫之入祀文庙，让船山之学由隐而显。在晚清的维新改革与反清革命中，船山思想大放异彩。清朝末年，有志之士力图挽救国家危亡，振兴中华。以改变君主专制实行君主立宪为追求的维新变法，以推翻封建帝制实现共和为理想的革命运动，相继而起。王夫之一生心向明朝，对出身“蛮夷”的清王朝无比痛恨，同时对中国传统的封建君主

王夫之像

专制体制亦是持批判态度，这引起了晚清维新之士和革命党人的共鸣。著名维新派领袖谭嗣同宣称：“万物昭苏天地曙，要凭南岳一声雷。”王夫之的《黄书》《噩梦》《读通鉴论》《宋论》等著作，成为革命党人利用的重要思想武器。辛亥革命志士中，因阅读王夫之的著作而服膺于其民族思想，并进而走上革命道路、坚定革命理想者不胜枚举，如孙中山、黄兴、蔡锷、宋教仁、章太炎、蒋翊武等。章太炎就说：“船山学术，为汉族光复之原。近代倡义诸公，皆闻风而起者，水原木本，端在于斯。”船山之学跨越百年，对推翻帝制，走向共和革命运动的兴起，起到了推波助澜的重要作用。

（六）史学与文献学的成就

明清时期，伴随着湖南政治、社会、经济的迅速发展，湖南在全国的地位上升，尤其清初湖南独立建省，刺激了湖南地方意识的觉醒，在这一时期湖南地方史学与地方文献学所取得的成就尤为突出。

在史学领域，明代周圣楷穷毕生之力写出了《楚宝》。周圣楷，字孔伯，湘潭人，约万历、崇祯年间在世。他年轻时即颇负才名，但为文不趋时尚，故屡试不第，40 岁时还是个贡生。此后他绝意科举，专心著述。在湘潭城东筑湖岳堂，辟帆园，收藏大量图书，接待天下名流，讨论古今学问。他才思敏捷，学识渊博。他在史学上极力推崇左丘明和司马迁，平生用力最勤、贡献最大的，是对湖南地方史的研究。他游历楚中名胜古迹，搜集楚地古今名人胜事，撰就《楚宝》和《湘水元夷》。《楚宝》以楚地人物传略为主，兼及山川、名胜、典故，共 45 卷，分 26 门，“摘志之精，补志之缺”，取材广博，体例严谨，考证详审，是系统记载湖南历史的重要著作。

清乾隆年间，又有王万澍执笔的另一部关于湖南历史的重要著作《湖南阳秋》问世。王万澍，字霍霖，常宁人。他少时喜读《尚书》，后弃科举之业，专心研习经史百家。他常感慨湖南文献湮没，于是遍游湖湘名胜古迹，悉心研求，采集自炎帝、神农，下及周昭王以来的故事，著成《衡湘稽古》。但其最重要的贡献在于编撰了《湖南阳秋》一书。该书共16卷，系采撷正史中有关湖南的史料，以编年纪事本末体编纂而成。始自秦始皇初置黔中、长沙郡，迄于南北朝的刘宋，凡沿革、兵事、灾异等项，记载颇详。后其子王国牧又撰《湖南阳秋续编》13卷，上承隋唐，下至宋元。《湖南阳秋》的编成，对于研究湖南地方史有着重要的参考价值。

明清时期，湖南士人也有意识地开始了全面搜集整理湖南古今文献的工作，其中最具代表性的人物就是邓显鹤。邓显鹤（1777—1851），字子立，一字湘皋，晚号南村老人，湖南新化人，是中国近代的散文家、诗人及文献学家。他自幼聪慧，8岁便能作诗，19岁成为县学弟子员，并于嘉庆九年（1804）中举。他曾任宁乡训导十三年，晚年主讲常德朗江书院和宝庆濂溪书院，其严谨的治学态度和忧时爱民的思想影响了魏源、曾国藩、邹汉勋、邓瑶等一大批卓有成就的学者和思想家。梁启超称赞其为“湘学复兴之导师”。邓显鹤一生潜心著述，诗文创作有很高的成就，但其最大的功绩则在于对湖南历史文献的搜集、整理与考订。他大力搜集湖南前人诗文，经整理编成两大部诗集，自己刊行于世，一是《资江耆旧集》60卷，二是《沅湘耆旧集》200卷，后又辑成《沅湘耆旧集续编》100卷和《沅湘耆旧集小传》20卷。此外，他的侄子邓琮又辑刊有《沅湘耆旧集前编》40卷。这些文献的编纂刊行，对湖湘文化的保护和传承起到了重要作用。

九

什九湖湘　近代荣光

湖湘文化在近代的繁荣兴盛，突出表现为这一时期湘籍人才的不断涌现。伴随着一批又一批湖南人不断走上历史舞台的中央，湖湘文化进入了前所未有的快速发展阶段，在不断创造自身辉煌的同时，深刻影响了近代中国历史的走向。湖湘文化虽源于地域，但又超越地域，在走向主流的同时，也引领了潮流。

（一）开眼看世界

清嘉庆、道光时期，湖南出现了以陶澍、贺长龄、魏源、李星沅等为代表的经世派人才群体，代表了当时湖南心忧天下、积极作为的士风。至鸦片战争前夕，湖南已有近 20 人或在地方出任总督、巡抚、布政使、按察使、学政的要职，或在中央担任六部尚书，总揽一部事务，成为近代中国历史舞台上湘籍人才大放异彩的先声。面对第一次鸦片战争后清廷上下仍根深蒂固的天朝迷梦和文恬武嬉的虚骄之气，一些湖南人认真研究来自西方的先进科技和制度文化，成为近代中国人“开眼看世界”的先驱。

首倡“师夷之长技以制夷”　1840 年 6 月，英国借口鸦片问题，悍然发动了对中国的侵略战争，史称“第一次鸦片战争”。对于英军的侵略野心，当时在广东主持禁烟的林则徐已有察觉，并积极筹防。然而，作为最高统治者的道光皇帝却缺乏对英国侵略本质的清晰认识和长远眼光，导致清廷在处理对英交涉问题上进退失据。战争开始后不久，他就轻率地撤换林则徐，命琦善南下与英军谈判，当得知后者擅自签订条约后，又改派奕山前往作战。当时清军面对的英军，是一支以工业革命后发达的科学技术为基础，装备了先进武器的新式军队。因此，尽管道光皇帝做出了武装抵抗英军侵略的正确决策，中国军队大多也十分英勇，但还是在与英军的战争中迅速败下阵来，“满族王朝的声威一遇到英国的枪炮就扫地以尽”。

清军在鸦片战争中的节节败退，给当时知识界中的有识之士以很大刺激，他们着手搜集、整理一切有关西方国家的知识并编纂成书。在这些人当中，湖南人魏源是十分杰出的一位。魏源（1794—1857），原名远达，字默深，湖南邵阳人。道光二年（1822）举

《海国图志》

人，道光二十四年（1844）进士，他早年学公羊学，对当时学术界流行的埋首训诂、脱离实际的古文经学十分不满，主张复兴今文经学，后受贺长龄聘，辑《皇朝经世文编》。魏源还曾在两江总督裕谦的幕府中任职，亲身参与过当时浙东地区的抗英斗争，对当时清王朝的衰败与英军的坚船利炮有切身体会。

道光二十一年（1841）六月，魏源在京口（今江苏镇江）与已被革职的林则徐见面，受其嘱托，开始编撰《海国图志》。经过两次修订后的《海国图志》共约 88 万字，有各种地图 75 幅，西洋船炮器艺等图式 57 页。其中以 17 卷篇幅记述西洋史地，涉及英国、法国、意大利等欧洲主要国家的气候物产、风土人情、政教风俗，又以对英国的介绍尤详。

《海国图志》是中国第一部具有近代意义的由中国人自己编写的世界史地著作，极大地丰富了国人对西方世界的认知，在当时属于创举。更值得注意的是，魏源执笔《海国图志》的目的并不仅仅只是介绍西方史地，而是“为以夷攻夷而作，为以夷款夷而作，为师夷之长技以制夷而作”，即用西方先进的军事科学技术武装自己，最终战胜西方。清廷后来推行的旨在富国强兵的洋务运动，在事实上实践了魏源的这一主张。

首任驻外公使　在近代中国自强图存的历史过程中，如果说湖南人魏源首倡“师夷之长技以制夷”，拉开了学习西方先进科技的大幕，那么，另一位湖南人郭嵩焘则看到西方令人炫目的“器物之奇”背后其政治制度、思想体系的独特之处，并主张加以学习，在中国近代史上同样具有开风气之先的地位。

光绪元年(1875)八月,郭嵩焘被任命为驻英公使,光绪四年(1878)兼任驻法公使,是中国近代史上首任驻外公使。

郭嵩焘(1818—1891),字伯琛,号筠仙,晚号玉池老人,人称养知先生。湖南湘阴人。道光二十七年(1847)进士,官翰林院编修,曾任苏松粮储道、两淮盐运使,署广东巡抚。光绪元年(1875)被任命为驻英公使,光绪四年(1878)兼任驻法公使。郭嵩焘很早就认识到,将西方列强战胜中国的原因仅仅归结于船坚炮利是非常错误的,他认为“西洋立国有本有末,其本在朝廷政教,其末在商贾,造船、制器,相辅以益其强,又末中之一节也”,故而主张扩大向西方学习的范畴。出于这一认识,出使期间,郭嵩焘注重留意观察西方国家的政治制度、文教体制,并将所见所闻逐日记录下来,其中去英途中所记约两万字,当时即寄回国内,由总理衙门以《使西纪程》为名刊印外,其余部分由后人汇为《伦敦与巴黎日记》,从郭嵩焘手稿中过录并整理出版。与当时一般士大夫指斥西方列强为“夷狄”的陈旧观念不同,在郭嵩焘看来,西方国家“政教修明,具有本末,与辽、金崛起一时,倏盛倏衰,情形绝异”,认为不能再从以往传统的“夷夏”观念出发处理中西关系,而应重新讲求“应付处理之方”。这一大胆主张,引起了当时保守势力的群起攻击,“凡有血气者,无不切齿”,一直闹到将该书“奉旨毁板”才算结束。

继郭嵩焘担任驻英公使的湖南人曾纪泽也在其出使日记中“开眼看世界”。曾纪泽(1839—1890),字劼刚,号梦瞻。曾纪泽系曾国

郭嵩焘

曾纪泽

藩长子，同治九年（1870）由二品荫生补户部员外郎，光绪四年（1878）派充出使英国、法国大臣，后又兼充驻俄大臣，回国后转入总理各国事务衙门。调户部侍郎，兼署刑部、吏部侍郎。卒，谥惠敏。

曾纪泽的《出使英法俄国日记》约五万字，记录了他外交活动的基本情况。与郭嵩焘相比，曾纪泽的日记“比较少表白自己，也不多谈论公事，驰骋议论的时候更是几乎完全没有”。但是仔细阅读这部日记，仍然能够读出作者作为出使使节，在亲身接触西方世界的同时，对所闻所见的深刻思考。1887 年 1 月，曾纪泽以英文撰写的《中国先睡后醒论》（*China, the Sleep and the Awakening*）在英国《亚洲季刊》上刊登，认为中国必然从睡梦中警醒，走向“全备稳固之地”。

（二）“中兴将相，什九湖湘”

在中国近代历史上，“中兴将相，什九湖湘”一语可谓流传颇广，它真切地道出了19世纪中叶，湖南人在解决清政府统治危机方面所作出的杰出贡献。而从历史的长时段来看，以曾国藩、左宗棠等为代表的湘军将领一方面镇压太平天国运动，使清朝统治延续了数十年，另一方面又积极推行洋务运动、抵御外国侵略，为维护国家主权和领土完整做出了重大贡献，时人称“天下人才之盛，尤莫如楚南”。

推行洋务运动 在晚清中国现代化转型的历史过程中，湖南人曾国藩及其所创办和领导的湘军集团在其中发挥了重要作用，在各自主政的地方创办了一大批近代军事、民用工业，开启了近代中国学习西方科学技术的潮流，正是在他们的努力下，近代中国开始大踏步地追赶时代潮流。

咸丰十年（1860）十一月，曾国藩上奏咸丰皇帝，提出“师夷智以造炮制船，尤可期永远之利”，率先提出创办军事工业的主张。次年八月，曾国藩创办了“安庆内军械所”，作为湘军的随军兵工厂，以生产子弹、炸弹、火药为主，并修理枪械，有技工和技师百余名。

曾国藩

这是清朝官方兴办的第一所新式兵工厂，也是中国近代民族工业的摇篮。此后，曾国藩又先后创办了江宁机器局（后改为金陵军械制造局）、江南制造总局等近代军事工业企业。与曾国藩类似，左宗棠也将仿制轮船看作是“海疆长久之计”。同治五年（1866），他奏请并主持创办的福州船政局，前后共建造轮船约 40 艘，为中国建立第一支近代化的海军打下了基础。

在引进西方先进科技，兴办近代军事企业的同时，曾国藩、左宗棠等湘军将领还十分注重培养和造就中国自己的近代科技人才。曾国藩建议清廷挑选聪颖幼童派往西方各国留学，学习西人擅长之军政、船政、步算、制造诸书，渐图自强。1872 年，清政府派遣的第一批留美幼童启程，成为中国近代向国外派遣留学生之始。福州船政局创办了 2 所学堂，前学堂教授法国语言文字及轮船制造技术，后学堂教授英国语言文字及驾驶技术，此后又相继设立绘图学堂、管轮学堂、艺徒学堂等，先后培养出严复、萨镇冰、魏瀚、詹天佑、邓世昌、林永升、刘步蟾等近代中国历史上的杰出人才。福州船政学堂还前后派出 5 批留学生共计 73 人到英、法实地考察，回国后“南北洋争先留用，得之唯恐或后”，构成中国近代海军的骨干力量。

维护国家主权和领土完整　在积极推行洋务运动的同时，湘军将领也积极抵御外来侵略，为维护国家主权和领土完整做出了极大贡献，左宗棠即是其中的典型代表。

1865 年，中亚浩罕汗国军事头目阿古柏趁清廷内忧外患，进入喀什噶尔，到 1867 年，基本控制了整个南疆，并悍然宣布建立“哲德沙尔国”，自立为汗。本就觊觎新疆的沙俄于1871年出兵侵占伊犁，与阿古柏签订“自由通商条款”5条，攫取在南疆通商等权益。与此同时，日本侵略我国台湾，东南海疆亦面临严峻形势。面对新疆这一严重的危机，清廷上下争论不断。1875年，清廷任命左宗棠为钦差大臣，督办新疆军务。左宗棠提出“先北后南”“缓进急战”等方针。1876年，清军在今甘肃酒泉誓师，湘军将领刘锦棠率兵入疆，连克乌鲁木齐、玛纳斯等地，次年进军南疆，连克达坂城、吐鲁番等地。1877年12月，清军克喀什噶尔，新疆大部分土地被收复，唯有伊犁仍在沙俄的非法占领之下。左宗棠坚决反对崇厚擅自与俄国签订的《里瓦几亚条约》，强调“伊犁我之疆索，尺寸不可让人”。1880年5月，以近70岁的高龄亲率大军，抬棺出征，誓与沙俄决一死战，最终迫使沙俄签下《中俄改定条约》，收回了对伊犁的主权。1884年，清朝在新疆建立行省，湖南人刘锦棠成为首任巡抚。

（三）“最富朝气之一省”

光绪二十一年（1895）4月，在甲午战争中失败的清政府被迫与日本签订《马关条约》，在朝野上下引发了强烈反响。《马关条约》是近代中国继《南京条约》以来对中国危害最严重的不平等条约。5月2日，康有为在京联合18省举人发动公车上书，之后又相继上书，提出了“设议院以通下情”的主张。值得注意的是，就在康有为提出他的改革主张的同时，湖南也出现了要求变革的声音。这一方面体现为以谭嗣同、唐才常等地方士人的“鼓舞于下”，另一方面则体现为陈宝箴、黄遵宪、江标、徐仁铸等地方主要官员的“倡导于上”。一时间，湖南出现了时务学堂、南学会、保卫局、课吏馆等一批新鲜事物，成为当时改革势力最能发挥的地方，被称为“最富朝气之一省”。

改革维新　光绪二十年（1894），江标出任湖南学政。在任期间，他大力改革书院，先在校经书院推广季课，再捐廉给奖，并在书院隙地鸠工建造书楼，广购书籍，添置天文、舆地、测量等仪器，期使“诸生于考古之外，兼可知今”。鉴于“湘省报馆阙如，非所以开民智而育人才”的情况，江标于1897年4月发起创办了《湘学新报》（后改名《湘学报》），分史学、掌故、舆地、算学、商学、交涉6门，以大量篇幅介绍西方自然科学知识和历史地理、政治经济情况，涉及外交、银行、币制、铁道、学校、航运、水利、刑律、近代国际公法等各个方面。该报创刊后，在当时的湖南乃至全国都产生了相当大的影响。江西等地设有分售处，上海还设立了《湘学报》分馆。

这一时期，湖南还创办了时务学堂，在全国具有广泛影响。1895年，陈宝箴任湖南巡抚，他以“变法开新”为己任，推作新政，并于1897年创办时务学堂，聘请梁启超担任中文总教习，另外两个被聘为分教习的韩文举和叶觉迈也是康有为的弟子。梁启超离开长沙后，康有为的另一个弟子欧榘甲成为中文分教习，时务学堂因此成为传播康、梁维新变法之学的重要基地。

除了地方官员的积极倡导，这一时期，湖南部分地方绅士也出现了要求变革的声音。1895年，谭嗣同、唐才常等在家乡浏阳发起成立浏阳算学社。谭嗣同认为中国之所以长期以来积贫积弱，无力抵御西方列强的侵略，其根本原因在于抱残守缺，不知变法。他主张变法从算学格致始，“先小试于一县”，“他日未必不收人材蔚起之效”。此外，还有由湘乡士绅许时遂等人倡议发起的东山精舍，主张在书院教育中推行新学、实学，打破传统书院的读经模式和以科举应考为目的的教学目标。

在地方主政官员和士绅的共同努力下，甲午战争后，湖南涌现出许多新观点和新思想，谭嗣同反对传统“夷夏之防”的中西观，主张“会同中西”，变法自强。振兴工商、奖励实业、发展经济的主张一时成

时务学堂故址

为湖南地方社会的共识。戊戌时期，湖南维新派还创办了许多学会和社团，作为宣传变法主张、开发民智、积聚力量的重要手段。如谭嗣同、唐才常等1895年在浏阳成立的算学社，唐才常、毕永年等于1898年在长沙成立的公法学会，此外还有延年会、不缠足会、学战会、法律学会、积益学会、群萌学会等。

在这个过程中，维新派士人抨击封建体制，言辞激烈地反对君主专制制度，反对君权神授的封建君主专制理论，主张兴民权。谭嗣同斥秦以来的君主专制为中国“千百年之大痈，亿兆人之奇瘵”，还从“仁”的角度阐述了平等思想。

为变法流血的第一人　谭嗣同是戊戌维新运动中一颗耀眼的星星。轰轰烈烈的变法改革运动很快引起了守旧派的不满，1898年9月，经过一番精密安排，以慈禧太后为首的守旧派发动了戊戌政变，大肆搜捕维新志士。在湖南，陈宝箴、徐仁铸等支持维新的地方官员相继被免职、罢斥，先前创办、设立的许多新式机构也遭到裁撤。轰轰烈烈的湖南维新变法运动虽然失败了，但其所传播的改革维新的火种却在湖南留存了下来。特别是，在守旧派搜捕维新志士的过程中，谭嗣同在被捕之前本有机会逃走，但他抱着以死警世的决心，成为为变法而自愿流血牺牲的第一人，临终之时，他慷慨赋诗：“有心杀贼，无力回天，死得其所，快哉快哉！”谭嗣同“我自横刀向天笑，去留肝胆两昆仑”的大无畏精神，惊天地、泣鬼神，也感染了其后一代又一代的湖湘志士。

（四）“湖南人底精神”

维新志士的鲜血警醒了后人，使得人们开始认识到，在中国，打着“托古改制”的旗号，将西方资本主义政治学说与中国传统的儒家思想结合起来，依靠封建统治者自上而下的改革运动来学习西方，改革政治、教育制度，发展农、工、商业，从而使国家逐步强大起来的道路是行不通的，必须武装推翻封建帝王的统治，建立共和国。而在当时国人武装反抗清朝统治的革命浪潮中，又以来自湖南的革命者贡献尤多，牺牲尤烈，是当之无愧的骨干。

武装推翻清王朝统治 1894 年 11 月，孙中山在檀香山成立“兴中会”，纲领是“驱除鞑虏，恢复中国，创立合众政府”，这是近代中国第一个反清革命团体，但成立于海外。此后，全国各地资产阶级革命团体相继出现。1904 年，湖南人黄兴等在长沙发起成立华兴会，这是当时国内第一个反清革命团体。华兴会以黄兴为会长，宋教仁、刘揆一等为副会长，以“驱除鞑虏，复兴中华”为宗旨，主张以“雄据一省，与各省纷起”作为发动革命的主要方法。1905 年，兴中会、华兴会、光复会等合并成立中国同盟会，提出了“驱除鞑虏，恢复中华，建立民国，平均地权”的 16 字纲领。同盟会虽以孙中山为总理，黄兴为协理，但举凡当时发动的大小起义，黄兴“无役不与”，故时人将“孙黄”并称，并有“孙文理想，黄兴实行”的说法。黄兴逝世后，革命党人章太炎赠送挽联：“无公则无民国；有史必有斯人。”

1911 年 10 月 10 日（农历辛亥年八月十九）发生于湖北武昌的旨在推翻清朝统治的起义，其发生地点虽在湖北，但起义的指挥者却是湖南人蒋翊武、刘复基等。蒋翊武、刘复基借研究文学之名，成立了文学社这一革命团体，在湖北新军中活动，密谋起义。刘复基在武昌起义的前一天壮烈牺牲，与彭楚藩、杨洪胜并列为武昌首义三烈士。蒋翊武在起义前补推举为起义总指挥，得知消息后，派人设法通知各标营，嘱咐仍按原计划行动。10 月 10 日晚，留汉党人按蒋翊武的部署行事，打响了武昌起义的第一枪。

武昌起义点燃了武装反抗清王朝统治的熊熊烈火，全国各地群起响应，革命浪潮一时间风起云涌。而在当时全国各地响应、支援武昌起义的浪潮中，又以湖南人所领导者为最多。武昌首义之后 12 天，焦达峰、陈作新等在湖南率先响应，光复长沙，并随即决定援鄂，先后派出 4 批共 16 个营 8000 余人援助湖北，参加了反攻汉口和保卫汉阳的战斗。武昌起义之后 20 天，蔡锷领导云南昆明重九起义，获得成功，成立云南军政府并出任都督。11 月 3 日，上海、吴淞先后起义，湖南人李燮和等在其中起到了重要作用。11 月 7 日，广西独立，善化（今长沙）人沈秉堃被推举为军政府都督。11 月 8 日，福建新军起义，湖南人孙道仁被推为都督。湖南人为推翻清朝统治，做出了杰出贡献。

特别是武昌起义发生后，当清廷调集大军向武昌发动进攻，革命岌岌可危之时，黄兴从上海赶到武昌前线，出任革命军总司令，率领增援武昌的一旅湖南兵，抵抗清军的进攻，保住了武昌起义的胜利果实。

捍卫辛亥革命果实 民国成立后，又是一批湖南人前赴后继，为捍卫辛亥革命果实作出了杰出贡献。桃源人宋教仁早年与黄兴、陈天华等创建华兴会，被推为副会长，后去日本，先后入东京政法大学、早稻田大学学习，其间创办《二十世纪之支那》。同盟会成立后，宋教仁担任司法部检事长，并将《二十世纪之支那》改为同盟会的机关报《民报》。南京临时政府成立后，任法制院院长、农林总长等职。宋教仁提倡政党政治，坚持责任内阁制，希望以此限制大总统的权力，其目的主要是防范袁世凯。同盟会改组为国民党后，宋教仁任代理理事长。1913 年 3 月，“中华民国”第一届国会选举结束，在宋教仁的主持经营下，国民党取得重大胜利。正当宋教仁欲循欧洲“内阁制”惯例，以党首身份组阁之际，3 月 20 日被暗杀于上海火车站，并于 22 日凌晨不治身亡。宋教仁为了实现中国的民主宪政，流尽了最后一滴血。

1915 年，已经攫取了中华民国大总统一职的袁世凯不满足于“总统”名号，企图复辟帝制，建立自己的“洪宪王朝”。觉察到袁世凯的这一野心后，蔡锷为摆脱袁氏监视，辗转经日本回到国内，返回其曾担任都督的云南。1915 年 12 月 25 日，蔡锷在云南发出通电讨袁，要求取消帝制，发动和领导了反袁护国战争。云南宣布独立后，贵州、广西、广东、浙江、湖南、陕西、四川各省相继宣告独立。众叛亲离的袁世凯无奈只得下令撤销帝制。

在近代中国的历史舞台上，湖南人这种前赴后继，为挽救民族危亡而不懈奋斗的精神格外引人注目。杨度在《湖南少年歌》里充满激情地写道："若道中华国果亡，除是湖南人尽死。"中国共产党的建党先驱和早期领导人陈独秀热烈欢迎"湖南人底精神"："二百几十年前底王船山先生，是何等艰苦奋斗的学者！几十年前底曾国藩、罗泽南等一班人，是何等'扎硬寨''打死战'的书生！黄克强历尽艰难，带一旅湖南兵，在汉阳抵挡清军大队人马；蔡松坡带着病亲领子弹不足的两千云南兵，和十万袁军打死战；他们是何等坚忍不拔的军人！""我们欢迎湖南人底精神，是欢迎他们的奋斗精神，欢迎他们奋斗造桥的精神。"

（五）地域学术的繁荣

晚清时期湖南人才群体的兴盛既表现为一大批军政人才的接续崛起，也表现为学术文化人才的不断涌现，形成了以罗泽南、曾国藩、刘蓉等为代表的理学人才群体和以周寿昌、王先谦、叶德辉等为代表的汉学人才群体，并涌现出一批以何绍基为代表的金石、书法名家。

理学人才群体　宋代以降，以湖湘学派的形成和兴盛为标志，湖南地方学术进入了崭新阶段，理学逐渐成为其重要特征。封建社会后期，统治者将理学作为官方学说加以提倡，又先后多次颁赐御书匾额给岳麓书院，表彰其在传承理学道统中的重要地位，理学在湖湘学术中地位进一步强化，几乎成为湘学的代名词。受这一地域学术传统影响，湖湘士人多宗奉理学，讲求经世致用。咸同年间崛起的罗泽南、曾国藩、胡林翼、刘蓉等湖南军政人才无一不"宗尚宋儒"，他们以理学家的标准严格约束身心，十分注重个人的道德修养，主张"格物致知""身体力行"。

罗泽南少年家贫，但他胸怀大志，喜欢研读理学著作，深受朱熹等人思想的影响。在《人极衍义》《姚江学辨》《读孟子札记》等著作中，罗泽南对理气、心性、知行等理学基本问题进行了深入阐述。他还特别注重将理学思想与解决当时社会面临的实际问题结合起来，时人称其“凡天文、舆地、律历、兵法，及盐、河、漕诸务，无不探其原委”。更值得一提的是，罗泽南“以醇儒为名将”，积极投身行伍，带动培养了李续宾、李续宜等一大批湘军名将，这些人“朝出鏖兵，暮归讲道”，扩展和丰富湖湘理学，也极大地促进了近代湖湘文化的繁荣。

汉学人才群体　晚清时期，一贯以理学为本地学术宗尚的湖南，出现了一股以研究经史考证、训诂文字为特征的汉学学术风潮，并涌现出以周寿昌、王先谦、叶德辉等为代表的诸多著名学者，他们在前人基础上，在经学、史学、诸子学多个方面进行了研究工作，不仅新见迭出，而且纠正了乾嘉时期相关研究的讹误之处，经湘籍汉学家所考订、校注的典籍，有不少成为该领域的集大成之作，并成为后人从事相关研究的必备资料。

皮锡瑞致力于《尚书》学研究，著有《尚书古文疏证辨正》《尚书古文考实》和《古文尚书冤词平议》等书，深化拓展了宋代以来的古文《尚书》辨伪研究，并经过一番艰苦卓绝的考证研究，后来居上，为学术界提供了完备、全面的《尚书大传》和今文《尚书》文本。周寿昌、王先谦在史籍整理领域用力颇深，周寿昌撰有《汉书注校补》《后汉书注补正》《三国志注证遗》，王先谦撰有《汉书补注》《新旧唐书合注》《魏书校勘记》。叶德辉在版本目录学领域成就极大，他以笔记体的形式，撰成《书林清话》10卷，对这一专门之学进行了系统总结和详细研究。

《何绍基日记》书影

金石、书法名家　清代是传统金石学史上的鼎盛时期，不少学者将研究热情灌注于金石搜集、考证和书法品评当中。湖南地区的相关研究在嘉、道时期逐渐兴盛，至晚清发展到顶峰，出现了以何绍基、徐树钧等为代表的一批金石收藏和书法名家，在金石考订和书法艺术研究领域都占有一席之地。

何绍基著有《东洲草堂金石跋》，全书共 5 卷。前两卷为青铜器，涉及对器物名称、年代的考订和对铭文的释读，卷 3

至5考订石刻碑帖。由于何绍基认为，“金石文字往往足订六书、经史之讹”，又具有十分深厚的小学功底，故在考订器物本身的同时，也十分注重从汉字演变的角度观察其铭文，所论对今人考订汉字源流演变颇具价值。何绍基书法为一绝，楷、行、隶、篆四种书体皆所擅长，为有清一代书法名家。此外，何绍基出身世家，交游广泛，《何绍基日记》保留了其道光十四年（1834）至同治十年（1871）30余年的生活记录，是研究晚清政治、艺术、社会、文化、文学等内容的重要文献。

（六）现代化的发轫

尽管晚清以来，湖南先后涌现出一大批杰出的军政人才，在近代中国历史上发挥了影响全局的重要作用，推动了近代中国的现代化事业，但在湖南本地，现代化事业的起步却相对较晚。甲午战争后，全国人心思变，一贯守旧的湖南也发生了变化。

新式工商业　戊戌维新期间，湖南成立了湖南矿务总局、鄂湘善后轮船局、湖南电报总局、宝善成机器制造公司、善记和丰火柴公司、湖南化学制造公司等一大批采用近代西方科技进行生产、制造、运输的新式企业，创造了近代湖南历史上的多个“第一”。王先谦、黄自元、张祖同等人此时也积极投身创办新式企业的活动。特别值得一提的是，长沙还成立了保卫局，引进了近代警察制度。

1898 年初，英国驻汉口领事根据清政府颁布的“内港航行章程”，要求开岳州（今岳阳）为商埠，获得批准。次年，岳州正式开埠设关。1904 年 7 月，省城长沙开埠，设立通商租界。门户既开，外国人纷至沓来。当时，日本在长沙开设领事馆和邮便局，并创办湖南汽船会社，湘江、沅江两商轮往返行驶于湖南、湖北间，美国在岳州、长沙设立恒信洋行，经营锑矿、萍乡焦煤及湘西、湘南的桐油，并批发倾销美国商品。开埠一方面大大便利了帝国主义列强对湖南的侵略和掠夺，另一方面也在客观上将新鲜之风引入了湖南。

与此同时，经历了八国联军侵华剧创刺激的清王朝及其上层，也意识到不能如前一般统治下去，于 1901 年宣布实行“新政”，这为湖南现代化的发展创造了客观条件。据统计，1903—1906 年，湖南共创建路矿、厂、航运企业 104 家，总投资 1704.4 万银元，比戊戌维新时期大为增长，其中绝大部分属商办性质，改变了陈宝箴主政时期以官办为主的状况。其中不乏具有影响力的知名企业。如 1903 年禹之谟在湘潭创办的湘利黔织布局，为湖南近代机织业之始。1906 年，熊希龄在醴陵城北创办瓷业学堂，后又着手组建公司，定名为醴陵瓷业公司，产品几与江西景德镇齐名。1910 年参加南洋劝业会，获得一等金质奖牌。1908 年，梁焕奎兄弟将 1899 年接办的久通公司改组为华昌炼锑公司，在长沙南门外西湖桥设立炼锑厂，开始提炼纯锑。1906 年，反映民族资产阶级经济利益的完全商办的湖南商务总会成立，1910 年湖南工业总会问世。

民国初年，振兴实业成为民族资产阶级的口号，加上正值第一次世界大战之际，西方列强无暇东顾，暂时放松了对中国的经济侵略，湖南工商业利用这一难得的机会，迅速发展。除原有工、矿、交通企业快速发展外，还陆续新建立了一些企业，如洞庭制革股份有限公司、经华纱厂（后改湖南第一纱厂）等。

新式教育的兴办 而在文化教育方面，陈宝箴主政湖南期间，曾锐意求新，兴办时务学堂，并裁去各书院之童卷而改设算科。进入20世纪初，根据“兴学诏书”和《癸卯学制》，新式教育在湖南次第兴办。1902年，时任湖南巡抚俞廉三将由时务学堂更名的求实书院改为省城大学堂，“开拓斋舍，增购图书，额数暂定为一百二十名，均择年二十岁内外、中学精通者，考选入学”。6月，湖南学务处成立，罗正钧、朱益濬担任提调，负责全省学校教育。

与此同时，私立教育也在湖南兴盛起来。1903年，曾在日本留学的胡元倓（1872—1940）在长沙创办明德学堂，是为湖南私立学堂之始。经费主要由龙彰及其堂弟龙绂瑞出资，租赁长沙西园隔壁左文襄祠作为校舍，聘请龙湛霖出任学堂总理，胡元倓任监督，龙绂瑞为副监督。胡元倓还聘请黄兴到学堂任事，黄兴到任后，主持新成立的速成师范班，同时兼任历史和体操教员，之后还担任明德小学的地理和博物教员。在黄兴的影响下，明德学堂中的革命志士日益增加，青年时代的毛泽东曾在《湘江评论》中说道“时务虽倒，而明德方兴”。明德学堂一时间成为当时湖南革命运动的中心，对辛亥革命事业做出了杰出贡献。这一时期，作为新鲜事物的女子教育也在湖南出现。1903年，龙绂瑞等在长沙开办民立第一女学。1905年，周家纯，即朱剑凡（1883—1932）创立“周氏女塾”，后改称“周南女子师范学堂”。该学堂培养出了向警予、杨开慧等中国妇女解放运动的早期领导人，为马克思主义在湖南的早期传播贡献了力量。

十

红色热土　文化高地

在近代湖南所有人才群体中，人数最多、影响最大、成就最显耀的还数以毛泽东为领袖的新民主主义革命家群体。以毛泽东为代表的湖湘人士为新民主主义革命运筹帷幄、浴血奋斗，写下了宏伟的历史篇章。中国共产党成立后，历经第一次国共合作中湖南工农运动发展，第二次国内革命战争期间的多次起义、红军长征、抗日战争等，凝练了一篇篇红色文化篇章。此外，新民主主义革命时期的湖南文化名人也推动了近代中国文化的发展，众多湖南文化名人在教育、文学、史学、艺术和科学等方面对近代中国产生了巨大的影响。

（一）新文化运动在湖南

湖南是新文化运动的重要基地。湘人中的先进知识分子表现出强烈的文化自觉和文化担当。其中最具代表性的，是以毛泽东为代表的一批从湖南走出来的无产阶级革命家。湖湘传统文化中经世致用的务实之风、“以天下为己任”的爱国情怀、“日新不息”的进取精神为这一群体接受马克思主义奠定地方文化根基。他们自觉运用马克思主义的基本原理，将其与中国国情和革命实际结合起来，创立了新民主主义的理论体系，为实现民族独立和解放开辟了一条崭新的道路。

毛泽东与新民学会　早在《新青年》创刊前，即 1914 年初，黎锦熙、杨昌济、徐特立、方维夏等在长沙创办了宏文图书社。社内成立编译部，由黎锦熙负责，用白话编辑中小学教科书，翻译中西著述。同年 10 月，该社创办了《公言》杂志，声言“选译东西洋报章杂志”，包括“欧美日本最近之种种思潮”，以求实现“刷新社会”。

在《新青年》问世的同年同月，湖南一批进步人士创办了湖南《大公报》。《大公报》既是湖南重要的文化机构，又是推动湖南新文化运动的重要力量。

杨昌济（1871—1920），字怀中，湖南长沙县人，北京大学教授，湖南新文化运动重要的引领者。他认为一个时代有一个时代的思想，要将现在这个时代改造成为进步的时代，就必须改造国民的思想，主张用资产阶级的自由、平等、博爱，去“唤起国民之自觉”。同时，他认为中西文化各有所长、各有所短，都应同时改造。作为一位具有爱国主义、民主主义思想的教育家，他影响了一大批湖南进步青年，例如毛泽东、蔡和森、陈昌、邓中夏、萧三、张昆弟、李维汉等人。

易白沙（1886—1921），是“五四”时期思想界的一位风云人物。他在《青年杂志》（后改《新青年》）上连续发表《述墨》《孔子评议》《诸子无鬼论》《我》《战云中之青年》等文，大声疾呼反对封建主义的文化思想，提出“真理以辩论而明，学术由竞争而进”，主张百家争鸣，为刚刚兴起的新文化运动摇旗呐喊。

毛泽东（1893—1976），字润之，湖南湘潭韶山冲（今属韶山市）人。1911 年辛亥革命中，18 岁的毛泽东走出课堂，参加了湖南新军。辛亥革命后，毛泽东先后就读于湖南省第一中学、湖南省第四师范和湖南省第一师范。在此期间，他深受《新青年》的影响，认为要救国，必须要有救国的本领，要有丰富的学问、高尚的情操、坚强的意志，要有一批有志青年组织起来、相互策励。在毛泽东的联络和组织下，1918 年 4 月，以“革新学术、砥砺品行，改良人心风俗”为宗旨（后以“改造中国与世界”为方针）的新民学会成立。新民学会先后发展的会员有蔡和森、何叔衡、向警予、彭璜等 70 余人。学会最初是萧子升任总干事，毛泽东、陈书农任干事。不久，部分会员留法勤工俭学，萧子升去法国后，长沙会友选出何叔衡任执行委员长，实际领导者是毛泽东。

新民学会成立后的第一项活动是发起湖南留法勤工俭学运动，蔡和森是主要的倡导者。从 1919 年 5 月至 1921 年元月，湖南青年分 13 批赴法勤工俭学。据 1921 年 5 月统计，全国留法勤工俭学学生 1600 余人，湖南有 360 名，占近四分之一；全国留法女生 60 名，湖南占 40 名，占到三分之二。在新民学会 70 余名会员中，赴法勤工俭学的有 18 名。这是一批头脑清醒、志向远大、“真心求学，实意做事”的知

长沙新民学会旧址暨蔡和森故居

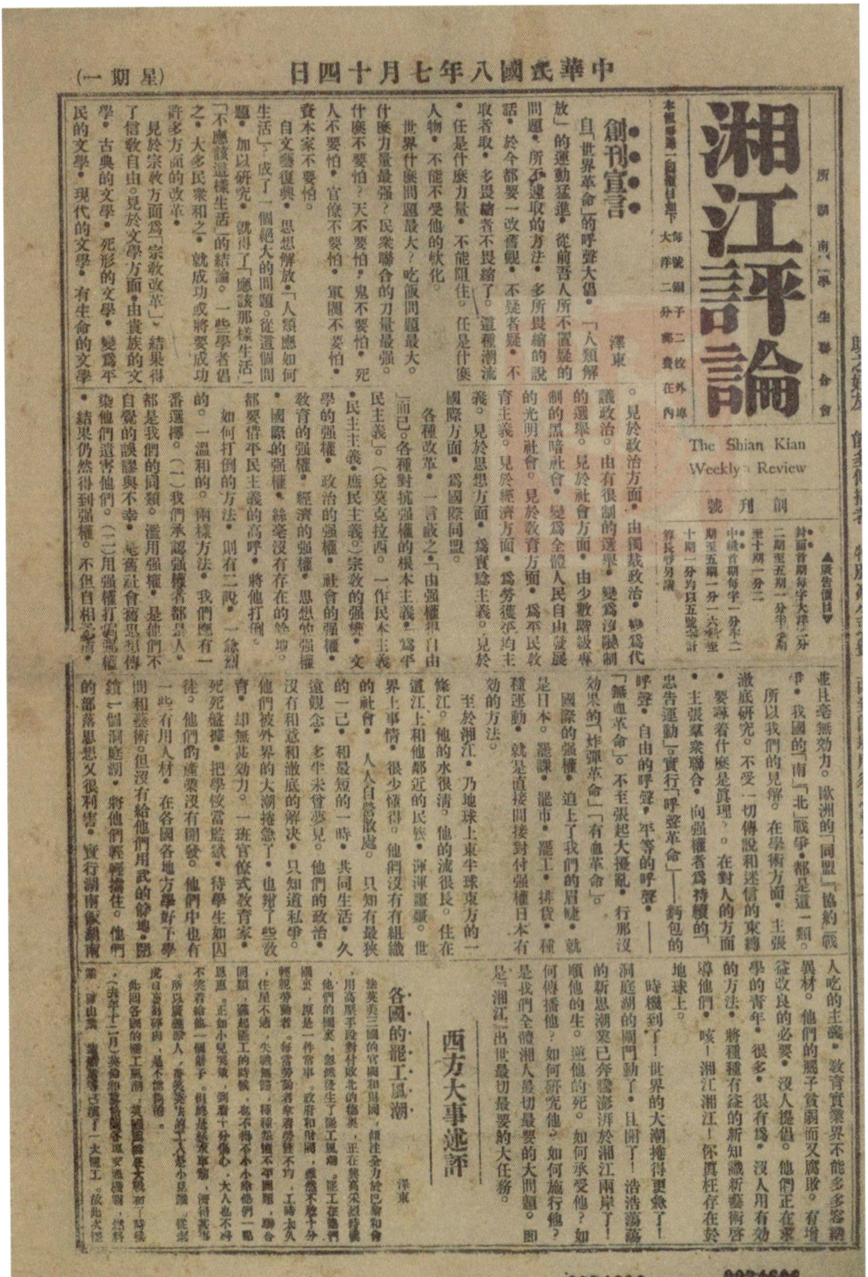
中華民國八年七月十四日 （星期一）

湘江評論

湖南學生聯合會

本報每星期一[illegible]
每號銅子二枚 外埠大洋二分 郵費在內

The Shian Kian Weekly Review

創刊號

▲廣告價目▼
封面每期每字大洋二分 二期至五期一分半 六期至十期一分二
中縫每期每字一分半 二期至五期一分一 六期至十期一分 均以五號字計算 長期另議

創刊宣言　　澤東

自「世界革命」的呼聲大倡·「人類解放」的運動猛進·從前吾人所不置疑的問題·所不運取的方法·多所畏縮的說話·於今都要一改舊觀·不疑者疑·不取者取·多畏縮者不畏縮了。這種潮流·任是什麼力量·不能阻住。任是什麼人物·不能不受他的軟化。

世界什麼問題最大？吃飯問題最大。什麼力量最強？民衆聯合的力量最強。什麼不要怕？天不要怕·鬼不要怕·死人不要怕·官僚不要怕·軍閥不要怕·資本家不要怕。

自文藝復興·思想解放·「人類應如何生活」？成了一個絕大的問題。從這個問題·加以研究·就得了「應該那樣生活」「不應該這樣生活」的結論。一些學者倡之·大多民衆和之·就成功或將要成功許多方面的改革·

見於宗教方面爲「宗教改革」·結果得了信教自由。見於文學方面·由貴族的文學·古典的文學·死形的文學·變爲平民的文學·現代的文學·有生命的文學。見於政治方面·由獨裁政治·變爲代議政治。由有限制的選舉·變爲沒限制的選舉。見於社會方面·由少數階級專制的黑暗社會·變爲全體人民自由發展的光明社會。見於教育方面·爲平民教育主義。見於經濟方面·爲勞獲平均主義。見於思想方面·爲實驗主義。見於國際方面·爲國際同盟。

各種改革·一言蔽之·「由強權得自由」而已。各種對抗強權的根本主義·爲「平民主義」。（兒莫克拉西·一作民本主義·民主主義·庶民主義。）宗教的強權·文學的強權·政治的強權·社會的強權·教育的強權·經濟的強權·思想的強權·國際的強權·絲毫沒有存在的餘地。都要借平民主義的高呼·將他打倒。

如何打倒的方法·則有二說·一急烈的。一溫和的。兩樣方法·我們應有一番選擇。（一）我們承認強權者都是人·都是我們的同類。濫用強權·是他們不自覺的誤謬與不幸·是舊社會舊思想傳染他們遺害他們。（二）用強權打倒強權·結果仍然得到強權。不但自相矛盾·並且毫無效力。歐洲的「同盟」「協約」戰爭·我國的「南」「北」戰爭·都是這一類。

所以我們的見解·在學術方面·主張徹底研究。不受一切傳說和迷信的束縛·要尋着什麼是眞理」。在對人的方面·主張羣衆聯合·向強權者爲持續的「忠告運動」。實行「呼聲革命」——麪包的呼聲·自由的呼聲·平等的呼聲·——「無血革命」。不至張起大擾亂·行那沒效果的「炸彈革命」「有血革命」。

國際的強權·迫上了我們的眉睫·就是日本。罷課·罷市·罷工·排貨·種種運動·就是直接間接對付強權日本有効的方法。

至於湘江·乃地球上東半球東方的一條江。他的水很清。他的流很長。住在這江上和他鄰近的民族·渾渾噩噩。世界上事情·很少懂得。他們沒有有組織的社會·人人自營散處。只知有最狹的一己·和最短的一時·共同生活·久遠觀念·多半未曾夢見。他們的政治·沒有和意和澈底的解決·只知道私爭。他們被外界的大潮捲急了·也辦了些教育·却無甚効力。一班官僚式教育家·死死盤據·把學校當監獄·待學生如囚徒。他們的產業沒有開發。他們中也有一些有用人材·在各國各地方學好了學問和藝術。但沒有給他們用武的餘地·閉鎖一個洞庭湖·將他們輕輕擋住。他們的部落思想又很利害·實行湖南飯湖南人吃的主義·教育實業界不能多多容納異材。他們的腦子貧弱而又腐敗。有增益改良的必要·沒人提倡。他們正在求學的青年·很多·很有爲·沒人用有効的方法·將種種有益的新知識新藝術啓導他們·咳！湘江湘江！你眞枉存在於地球上。

時機到了！世界的大潮捲得更急了！洞庭湖的閘門動了·且開了！浩浩蕩蕩的新思潮業已奔騰澎湃於湘江兩岸了！順他的生。逆他的死。如何承受他？如何傳播他？如何研究他？如何施行他？是我們全體湘人最切最要的大問題。即是「湘江」出世最切最要的大任務。

西方大事述評

各國的罷工風潮　　澤東

法英美三國的官僚和財閥，傾注全力於巴黎和會，用高壓手段對付敗北的德奧，正在興高采烈的時候，他們的國裏，忽然發生了罷工風潮。罷工在他們國裏，原是一件常事。政府和財閥，雖然不致十分輕視勞動者。每當勞動者[illegible]勞逸不均，工時太久，住屋不適，失職無[illegible]，種種[illegible]，聯合同類，鼓起罷工的時候，也不得不[illegible]他們一點恩惠。正如小兒哭嚷，到着十分傷心，大人也不得不笑着給他一個餅子。[illegible]。所以[illegible]。此回各國的罷工風潮，[illegible]。（去年十二月）英倫[illegible]一大罷工。[illegible]

《湘江评论》创刊号

识青年。新民学会 70 余名会员中，后来加入中国共产党者达 32 人，其中赴法勤工俭学成员中有 11 人参加共产党。

五四运动爆发后，毛泽东与留在省内的新民学会会员，教育界、新闻界的人士广泛交流对时局的见解，发动各界支援北京学生爱国运动。其间，毛泽东等人创办了《湘江评论》，以宣传最新思潮为主旨。辟有《西方大事述评》《东方大事述评》《世界杂评》《湘江大事述评》《放言》《新文艺》等栏目，全系白话，第二号附有《临时增刊》。《湘江评论》精深的议论和彻底反帝反封建的无畏精神，在社会上产生了强烈影响。军阀张敬尧将之视为眼中钉，在第五期印出时，《湘江评论》就被查封了。

《湘江评论》被封后，毛泽东应湘雅医学专门学校学生会创办的《新湖南》的主编龙伯坚邀请，从第七期开始接办该刊。《新湖南》出刊至第十一期时，又被张敬尧封停。不屈不挠的毛泽东在湖南《大公报》和新民学会会员周敦祥主编的《女界钟》上，连续发表关于妇女解放的文章 10 余篇，猛烈抨击致使赵女士自杀的封建社会制度，其思想又较《湘江评论》时前进了一步。

1919 年 8 月，皖系军阀、湖南督军兼省长张敬尧在封停《湘江评论》的同时，强行解散了湖南省学生联合会。军阀的压迫，激发了湖南人民固有的奋斗精神，进而发起了“驱张运动”。1920 年 6 月，张敬尧部全部撤出湖南，“驱张运动”取得胜利。这为马克思主义在湖南的传播，为党的早期组织在湖南的创建，为社会主义青年团在长沙的建立，准备了干部。

马克思主义在湖南的传播　湖南最早接触马克思学说的是常德人

赵必振（1873—1956）。他于1903年就翻译了日本人福井准造著的《近世社会主义》，以较大的篇幅和赞美的语言，第一次向中国读者比较系统地介绍了马克思的生平与学说，以及其《哲学的贫困》《资本论》等重要著作的写作过程。同时，还介绍了第一国际的活动和巴黎公社的情况。

毛泽东、彭璜受陈独秀、李大钊、邓中夏的影响，获得了马克思主义；蔡和森、向警予、李维汉、罗学瓒、萧三在法国勤工俭学时，接受了马克思主义，再通过书信向故乡宣传马克思主义。毛泽东除把他们寄回的书信转给新民学会会员传阅外，还送给报刊公开发表。李达、李六如等在留学日本期间也接受了马克思主义。

李达（1890—1966），号鹤鸣，湖南零陵（今永州）人。中国共产党主要创始人之一和早期领导人。他在1918年留学日本时曾经阅读和研究马克思主义著作。一年后，他在上海《民国日报》副刊《觉悟》上，先后发表《什么叫社会主义》《社会主义的目的》等文章，指出“社会主义和共产主义是不同的”，“社会主义和无政府主义是不同的”。在日本期间，他翻译了《唯物史观解说》《马克思经济学说》《社会问题总览》，并寄回国内出版。这些著作对马克思主义各个组成部分做了比较系统的阐明，对全国、对湖南传播和研究马克思主义起了很大的推动作用。

长沙文化书社　马克思主义在湖南传播的形式有多种，如办报刊、办书社、组织社团、开办夜学等。其中影响最大、传播最迅速、持续时间最长的是长沙文化书社。1920年8月2日，长沙文化书社在长沙楚怡学校成立。毛泽东、易礼容、彭璜、何叔衡等新民学会会员是主要发起人，还邀请了长沙县知事姜济寰、长沙商会会长左学谦、周南女校校长朱剑凡、湖南省立第一师范校长易培基、湘雅医学专科学校秘书赵运文等参加。毛泽东起草的《文化书社缘起》充分表达了发起人的意思："没有新文化由于没有新思想，没有新思想由于没有新研究，没有新研究由于没有新材料。湖南人现在脑子的饥荒实在过于肚子饥荒，青年人尤其嗷嗷待哺。文化书社愿用最迅速、最简便的方法，介绍中外各种新书报杂志，以充青年及全体湖南人新研究的材料。"简单明白地说，文化书社的使命是传播新文化、新思想，而新文化、新思想的主流是马克思主义。至 1921 年 3 月底，文化书社销售的书 164 种、杂志 50 种、日报 5 种，其中有《马格斯资本论入门》《阶级斗争》《马克思经济学说》《科学社会主义》《共产党宣言》等。

湖南俄罗斯研究会　与文化书社同时诞生的另一重要社团，是湖南俄罗斯研究会。1920 年 8 月 22 日，毛泽东、何叔衡等组织湖南俄罗斯研究会，"以研究俄罗斯一切情况"为宗旨。湖南俄罗斯研究会还以组织留俄勤工俭学，派人赴俄实地调查作为自己的基本任务。第一批留俄学员任弼时、萧劲光、任岳、胡士廉、周昭秋、陈启沃等 6 人，于同年 9 月赴上海外国语学社学习俄语，该社学员最多时不到 50 人，其中湖南有 22 人。

衡阳三师学生贺恕、蒋先云于 1919 年建立"沙子会"，1921 年 2 月改为"心社"，同年 3 月与长沙文化书社取得联系，设立"文化书社第三师范贩卖部"，推销新书刊。武冈在长沙读书的学生邓宗禹、夏大纶、欧阳刚中等于1920年春组织“思思学社”，意为以马克思、恩格斯学说为指南，研究、传播马克思主义。他们回到武冈后，创办了文化书社武冈分社。这些社团，为在这些地方建立共产党、社会主义青年团组织奠定了思想和组织基础。

1920年冬，共产党湖南早期组织成立，成为中共一大召开前国内6个早期党组织之一，领导开展了一系列革命活动。

1921年7月，中国共产党的成立，是中国人民革命史上开天辟地的大事，也给“长夜难明”的湖南人民带来了光明与希望。毛泽东、何叔衡、李达等出席中国共产党第一次全国代表大会，参与缔造伟大的中国共产党。10月，中共第一个省支部——湖南支部成立。次年5月，中共湘区委员会在此基础上建立，毛泽东为书记，机关设在长沙市清水塘22号。湖南人民的革命斗争迎来了崭新的局面，赢得了陈独秀“只有湖南的同志可以说工作得很好”的高度赞誉。

（二）星火燎原

湖南是中国革命的重要策源地，是中国共产党人精神的重要锻造地。五四运动前后，以新民学会为中心，形成了以毛泽东、蔡和森、向警予、李维汉、何叔衡、林伯渠、李立山、李富春、罗学瓒、蔡畅、邓中夏等为代表的第一批新民主主义革命志士。中国共产党成立以后，刘少奇、任弼时、萧劲光、陈赓、罗亦农、夏明翰、郭亮等新民主主义革命志士登上了政治舞台，写就湖南深厚的革命文化。大革命时期，轰轰烈烈的湖南工农运动是北伐战争制胜的重要支持力量。土地革命战争时期，湖南先后发生了秋收起义、湘南暴动、桑植起义、平江起义、通道转兵等重大历史事件。毛泽东等人创建发展了井冈山、湘赣、湘鄂赣等革命根据地。红军长征，在湖南留下感天动地的英勇史诗。抗日战争时期，中国共产党在湖湘大地引领了抗日救亡运动，是抗日战争的中流砥柱。

革命新道路　第一次国共合作失败后，有着“舍我其谁”精神的湖湘儿女在党的领导下，展现出“为有牺牲多壮志，敢教日月换新天”的豪壮情怀，书写了感天动地的壮丽诗篇，铸就了一座座精神丰碑，彰显了湖南担当。“八七会议”后，毛泽东、彭德怀、贺龙、罗荣桓、粟裕、黄克诚、徐特立、陶铸、黄公略、谭震林等新民主主义志士拿起武器，发动秋收起义、湘南起义、桑植起义、平江起义，走上了新的革命道路。

1927 年 9 月的秋收起义，是继南昌起义之后武装反抗国民党反动派的又一次重要起义，开创了一条农村包围城市，在农村建立革命根据地以保存和发展革命力量的正确道路。

1928 年 1 月举行的湘南起义历时 3 个多月，先后建立了 8 个县苏维埃政府，开展了轰轰烈烈的土地革命运动，创造了用正规武装支持和推动广大农民暴动，把武装暴动、建立政权与土地革命结合起来的初步经验，进行了土地革命的最初尝试。

1928 年 4 月，桑植起义的胜利和县革命政权的建立，在湘鄂边区举起了土地革命的大旗，拉开了武装割据的序幕，为湘鄂边革命根据地的创建奠定了基础，同时也为中国共产党在土地革命战争时期利用、改造地方武装提供了宝贵经验。

1928 年 7 月的平江起义，是继秋收起义之后中国共产党人走以农村包围城市、武装夺取政权道路的又一次重大实践，有力地支持了井冈山的斗争，为湘鄂赣边党组织的恢复发展和根据地的开辟创造了有利条件。

红军长征在湖南　1934 年 10 月 10 日，中共中央和中革军委率中央红军和中央机关 86000 余人，告别中央苏区，出发长征。从先头部队 1934 年 10 月 30 日抵达汝城，到 12 月 14 日在通道境内转兵入黔，中央红军长征在湖南历时一个半月，途经了湖南4 个市州 16 个县(市区)，即郴州市的汝城、宜章、北湖、苏仙、桂阳、临武、嘉禾，永州市的宁远、蓝山、江华、江永、道县，邵阳市的城步、绥宁，怀化市的通道、靖县，连续突破敌人 4 道封锁线，谱写了惊天地泣鬼神的英雄战歌。

半条被子精神　红军长征进入湘南地区后，采取多种方式广泛开展群众工作。在湖南汝城县沙洲村，3 名女红军借宿农妇徐解秀家中，临走时，把自己仅有的一床被子剪下一半留给徐解秀家。事后，徐解秀说，什么是共产党？共产党就是自己有一条被子，也要剪下半条给老百姓的人。同人民风雨同舟、血脉相通、生死与共，成为中国共产党和红军取得长征胜利的根本保证。这，就是半条被子精神。

陈树湘断肠明志　1934 年 11 月 25 日，中革军委发布作战命令，兵分两路抢渡湘江。在湘江战役中，陈树湘率领红三十四师顽强抗击敌军，在艰苦卓绝的环境中付出重大牺牲，在完成掩护红军主力和中共中央、中央军委机关抢渡湘江的艰巨任务后，负伤被俘。他趁敌不备，忍着剧痛从伤口处抠出肠子绞断，把鲜血洒在长征路上，保持了共产党人的气节，牺牲时年仅 29 岁。师参谋长王光道和多数干部均战死湘南。担任后卫任务的红三军团的十八团也未能过江，全部牺牲。红三十四师和红十八团的牺牲奉献，谱写了长征史上悲壮的一页。

通道转兵　中央红军战略转移的最初计划是从南线突破粤军封锁线，然后沿赣、粤、湘、桂边境到达湘西会合红二、六军团，但遭到几十万敌军的围追堵截。在此危急关头，1934 年 12 月 12 日，在通道

陈树湘烈士生平事迹陈列室

县内临时动议，召开了中共中央负责人紧急会议。毛泽东力主放弃北上湘西会合贺龙、萧克部队的计划，转兵西进黔军比较薄弱的贵州。毛泽东的正确意见得到了周恩来、朱德、王稼祥、张闻天等中央领导人的赞同和支持。通道会议和通道转兵，为党和红军的长征开辟了一条新的生路，为黎平会议的决议和遵义会议的召开提供了组织上和思想上的可能性。

1935 年冬，红二、六军团在任弼时、贺龙等的指挥下，自桑植誓师突围到出湘入黔，在近两个月的时间里转战数千里，成功实现了原定战略意图，进入预定地区，在运动中机动灵活地打击敌人，冲破封锁，在湘西、湘中、湘西北广大地区播下了革命火种，充分展示了英勇无敌、奋斗献身的伟大精神。

（三）抗战精神高地

从1938年10月武汉失守以后到1945年8月日本投降以前，在湖南境内，中国军队与日军进行了6次重大战役，即第一次、第二次、第三次长沙会战，常德会战，长衡会战，湘西会战。侵湘日军烧杀掳掠，无恶不作，犯下了滔天罪行。在抗击日本帝国主义侵略的过程中，中国共产党始终坚持抗日民族统一战线，沉痛地打击了日军。

“三千万人齐奋起，用我一湘壮河山！”在民族生死存亡的危急关头，以毛泽东、刘少奇、彭德怀、任弼时、左权、罗荣桓、贺龙、粟裕、谭震林、陈赓、黄克诚、萧劲光、谭政、陈光等为代表的湘籍共产党人，义无反顾地投身抗日战场，领导军民抵抗日寇，奏响了一曲曲气壮山河的英雄凯歌。

八路军驻湘通讯处　国共合作的抗日民族统一战线建立之后，国民政府同意在西安、武汉、重庆、长沙、桂林等地设立八路军的办事处或通讯处。1937年11月，中共中央委派徐特立、王凌波前往长沙建立八路军驻湘通讯处。1937年11月26日，徐特立、王凌波从延安启程。年底，通讯处在东长街（现蔡锷中路）徐家祠堂公开挂牌办公（从

1938 年 8 月起对外亦作为新四军驻湘办事处）。

八路军驻湘通讯处一方面积极宣传抗日，另一方面积极开展对国民党上层的统一战线工作。1938 年 9 月，国民党湖南省政府、省党部联席会议决定成立湖南民众抗战统一委员会，还特选徐特立为常务委员。八路军驻湘通讯处还认真做好招收和输送热血青年到延安的工作。从湖南走出去的这一批抗日青年，许多人后来在斗争中锻炼成为优秀的革命骨干。

南岳游击干部训练班　1938 年 11 月，蒋介石接受中共中央关于共同创办南岳游击干部训练班的建议，决定举办游击干部训练班。蒋介石在南岳召开军事会议，中共代表周恩来、叶剑英、郭沫若应邀参加。1939 年 1 月，南岳游击干部训练班宣布成立，叶剑英任副教育长。中共中央派出叶剑英、李涛、边章五、薛子正、李崇等一批中共教官及工作人员参加训练班的筹建和教学工作。至 1940 年 2 月，训练班总共举办了三期。同年夏，训练班南迁祁阳、零陵等地，开办第四至第七期，1942 年停办。在中国共产党提议力促下，南岳游击干部训练班为抗日战争培训了 3000 多名游击战骨干。它是抗日民族统一战线的成果，是国共两党第二次合作的历史见证，被称为“培育抗日军事人才的摇篮”。

湖南各族人民面对日军残酷威逼，在中国共产党抗日民族统一战线方针感召下，怀着极大的民族义愤，奋起反抗。不仅协同国民革命军进行了英勇悲壮的 6 次正面抗战，而且在全省近 40 个县组织了自卫队和数百支游击队，在湘北、湘中、湘南敌后广泛开展游击战争，与八路军南下支队和新四军江南挺进支队在湘发动的抗日游击战争相配合，有力地牵制了日军大量兵力。

在忍受着巨大牺牲的同时，湖南肩负着支援全国兵源、人力、财力、物力和战略撤退中转的重任。全省每年除供给军棉 7 万担、军布 300 余万匹、军粮 1000 万石外，还不时调出粮棉等物资接济邻省之需求。当时总人口不足 3000 万的湖南，共征募兵员 210 万人，平均每十五人中就有一人参军，居各省人均参军人数之前列；淞沪会战中，近四分之一的中国参战官兵来自湖南。抗战中，十多万湖湘子弟兵以身许国、血祭轩辕，为夺取全国抗日战争胜利作出了重要贡献。抗战精神的锻造形成，凝聚着湖南儿女的血性担当。而湖湘文化中忠诚与担当的优良传统，湖南人不畏强暴、宁死不屈的性格气质，都深深地融入抗战精神之中。

（四）文化教育新气象

新文化运动开始后，湖南的文化教育得到一定的发展，一些文艺作品对湖南乃至全国都产生了重要影响，特别是抗战文化更是与抗日救亡运动相辅相成，为夺取抗日战争的胜利提供了精神食粮。

教育发展 1912 年后，湖南在清末教育改革的基础上，逐步建立了省、县两级教育行政机构。省教育司制定了一系列法令、规程、细则，规范学校管理、经费支配、教员检定、内部组织等，推进新的学制和教育经费、教学内容的改革，给独立于行政职权之外的省、县视学员以视导与监督之权。全省通用教科书 115 种，其中，初小 22 种，包括修身、国文、算术（含新珠算）、手工、铅笔、毛笔习画范本、唱歌等门类；高小 27 种，包括修身、国文、算术、历史、地理、手工、毛笔习画帖、英文等 22 门课程；中学与师范教科书包括修身、国文、英文、历史、地理、法制、数学、植物学、动物学、矿物学、生理学、物理、化学、经济、图画、唱歌、心理学、伦理学、教育学、教授法、学校管理法等 66 门课程。这些课程基本符合时代的要求。

与此同时，各种教育新思潮，如军国民教育思潮、实用主义教育思潮、职业教育思潮、平民主义教育思潮、工读主义教育思潮等，与湖湘文化交融互动，推动湖南文化教育的发展。第一次国共合作期间，湖南学界掀起了非基督教运动和收回教育权运动，反对文化侵略。

抗日战争初期和中期，湖南学校数量、学生数量在全国都位居前列。据统计，1937 年全省小学 28500 所，为全国各省之冠。中等学校 173 所，居全国第三。1938 年 10 月于安化县蓝田镇创办国立师范学院，开全国独立设置师范学院的先河。因战争原因，华北和沿海的江苏等省一些大、中学校如清华大学、北京大学、南开大学南迁西移，在长沙合组国立长沙临时大学（后迁云南昆明，改称国立西南联合大学），于 1937 年 11 月开学。唐山工学院、江苏医学院、江苏教育学院和戏剧专科学校、体育师范专科学校、无锡国学专科学校和北平艺术专科学校也迁至长沙及湖南其他地区。此前全省公私立学校多集中于长沙、衡阳、常德等主要城市。抗日战争时期，沦陷区一些政、教机构迁至湘西、湘南，亦为少数民族地区增添新的力量，促进了这些地区文教事业的发展，客观上促进了湖南教育事业的发展。但随着 1944 年 5 月日军大举犯湘，湖南大片土地沦陷，教育事业惨遭摧残。

近代以来，湖南涌现出一大批政治家、军事家、革命家，也涌现出一大批文化人、学者、教授和各行各业的专家。这一时期，湖南在社会科学方面取得了突出的成就。哲学方面，李达是在中国传播和研究马克思主义哲学的先驱者和启蒙者。他在马克思主义哲学中国化的进程中有着开创性的历史地位。逻辑学家金岳霖，他于 1936 年出版《逻辑》一书，对形式逻辑与数理逻辑作比较研究，开中国数理逻辑

长沙临时大学湘黔滇旅行团辅导团成员合影

教学和研究之先河；1940 年出版《论道》，1948 年撰成《知识论》。通过这三部书，他形成自己的哲学体系，力图证明客观事物的独立存在，事物的可知性和知识的客观性，对西方一些学者的主观唯心主义哲学作了有力批判。同时，湖南还有语言学家杨树达、曾运乾、黎锦熙，文学理论和文学史专家谭丕模，马克思主义历史学家吕振羽、翦伯赞、周谷城，中西交通史和敦煌艺术研究的开拓者向达，经济学家任凯南、杨端六，国际法学者周鲠生，文献学专家余嘉锡，博物馆学专家曾昭燏，等等。

抗战文化名城 抗日救亡运动在湖南兴起，以共产党员和进步人士为骨干的文化、教育界是重要的推动力量，这是全面抗战爆发后湖南抗日救亡运动的一大亮点，长沙也因此成为抗战文化名城。

卢沟桥事变和淞沪会战之后，大批大城市和沿海省份的学校内迁，湖南成为内迁重点省份。1937 年 8 月，北京大学、清华大学、南开大学内迁长沙韭菜园的湖南圣经学校，合并组成长沙临时大学。北平民国大学迁宁乡，陆军大学迁桃源，北平师范大学迁长沙。仅湘中腹地涟源，就有国立师范学院、国立交通大学、唐山工程学院等 25 所学校迁入。工厂企业也大批迁湘，如河南巩县兵工厂和汉阳兵工厂迁辰溪，中央电工器材厂（今湘潭电机厂）和中央钢铁厂、中央机器厂、湘江发电厂迁湘潭，兵工署炮兵处迁株洲（今 331 厂）。东南沿海迁湘的厂矿有机器、金属、化学、纺织、电机、印刷、陶瓷、矿业、粮食等方面的。

随着大批学校和厂矿的迁湘，湖南顿时成为文化精英和知识青年的集聚之地。这些因战事而被迫迁来湖南的知识分子，以其满腔的悲愤和爱国的激情，结社办刊，疾呼呐喊，大力开展抗日救亡的宣传活动。

从平、津、沪、宁等地来湘和本地的学生、文化人中的共产党员与进步人士吕振羽、曹国枢、曹国智、萧敏颂、孙伟、李仲融、谭丕模、杨荣国、苏镜、唐荣前、廖申之（廖意林）等，先后成立了“前进社”，创办了《前进》周刊（萧敏颂等主编）、《民族呼声》旬刊（杨荣国等主编）、《火线下》三日刊（黎澍等主编）、《大众日报》（张天翼主编）、《现实》旬刊（廖申之、唐荣前主编）等，宣传抗战形势和中国共产党团结抗战的主张，以唤起和发动民众。戏剧、歌咏、绘画是群众喜闻乐见的艺术形式。一些文艺工作者利用这些形式，大力开展抗日救亡的宣传活动。《抗日救国》《伟大的女性》《东亚风云》《逆耳惊魂》等抗日救亡宣传演出剧目一一上演。

在全民族抗战和民众抗战情绪日渐高涨的形势下，为更好地担负起民族抗战的任务，湖南省文化界进步力量开始走向联合。10月，省会文化界的部分中共党员和进步人士发起组织湖南文化界抗敌后援会（简称“文抗会”），并于17日举行了有600余人参加的成立大会。会议通过了以团结抗战、持久抗战为宗旨的《文抗会简章》，选举吕振羽、廖伯华、田汉、翦伯赞、张天翼等23人为理事，魏猛克、谭丕模、杨荣国等11人为候补理事。嗣后，理事会又选举吕振羽、李仲融、廖伯华、陈润泉等为常务理事。文抗会设研究、宣传、组织、总务部，其任务为拥护全国抗战、宣传救亡理论、指导民众救亡及训练救亡技能、提高民众文化水平。

地方文艺的繁盛　湖南社会文化事业或文化活动，有由官方机构掌管倡导的，有官方和民间各自经营的，也有在民间自发经营流传的。由官方机构掌管的主要是民众教育馆、图书馆、博物馆等；官方和民间各自经管经营的，有出版和新闻传播；在民间自发流传的，主要是各种戏剧演出，其剧场、剧团多是私营商业性质。

民国时期，湖南的戏剧艺术大体可以分为地方大戏、民间小戏和传入的京剧、话剧等剧种。地方大戏主要是湘剧、祁剧、常德汉剧、辰河戏等。湘剧流传于长沙、湘潭、益阳、安化、茶陵一带，民间俗称“大戏班子”或“长沙班子”。湘剧有高腔、低牌子、昆腔和弹腔四大声腔，有600多个剧目，能表演大型、复杂的故事，也可表演片段的折子戏。大型的有著名的高腔“四记”——《琵琶记》《金印记》《白兔记》《鹦鹉记》。折子戏有《琵琶上路》《打猎回书》等。祁剧流传于邵阳、衡阳、零陵、郴州一带，保留许多曲牌，表演风格粗犷，带有浓郁的山野气息，常演的剧目有三国戏《空城计》

刘海砍樵瓷像

《三气周瑜》《黄忠带箭》，以及《闹严府》《秦琼当锏》等。汉剧流传于常德、汉寿、桃源各县；辰河戏流传于怀化及湘西各县。民间小戏是在民间歌舞、百戏的基础上形成的。最受欢迎、流传最广的是花鼓戏，它又分长沙花鼓、衡州花鼓、邵阳花鼓、零陵花鼓、岳阳花鼓等流派。花鼓戏载歌载舞，唱腔活泼，诙谐动听，有很强的生活气息，既能表演传统整台故事，也能即兴表演小节目。最能代表这种艺术形式的节目是《刘海戏金蟾》和从中改编出来的一个折子戏《刘海砍樵》。还有《讨学钱》《小姑贤》以及邵阳花鼓戏《打鸟》《山伯访友》等。花鼓戏班子人数较少，多在乡镇间流动演出，在城市里其地位敌不过湘剧、祁剧等剧种，但普通百姓非常喜欢它。地方小戏还有湘西一带的阳戏、花灯戏。

人民革命斗争和抗日战争是这一阶段文学艺术创作的时代主题。一些湘籍作家，如成仿吾、周扬、周立波、丁玲、沈从文等人的作品在全国产生重大影响和反响。湖南杰出的音乐家有田汉、贺绿汀、吕骥、向隅、唐荣枚、黎锦晖、胡然、欧阳予倩等人。这些文化艺术方面的湘籍人物及其作品，使湖湘文化焕发出前所未有的生机。

结 语

湖南作为中华文明的重要发祥地之一，有着悠久绵长且底蕴深厚的历史文化，形成了文源深、文脉广、文气足的文化景象，凝练出心忧天下、敢为人先、经世致用、兼收并蓄等湖湘精神，造就了“惟楚有材，于斯为盛”的恢宏画卷。湖湘文化虽然是一种区域文化，但其影响并不局限于湖湘一时一地，在政治层面上始终恪守“大一统”的国家理想；在精神层面上，自古湖湘士人忧国忧民的家国情怀、经世致用的学风以及实事求是的精神，莫不与民族强盛、国家统一息息相关。湖湘文化不仅是中华优秀传统文化“百花园”中的灿烂瑰宝，更在当代展现出独特的魅力和价值。

湖南悠久的历史文化，是漫长的历史长河中在湖湘大地上淘洗出来的智慧结晶，既呈现于浩如烟海、灿烂辉煌的文化成果，又集中体现为贯穿其中的思想理念、传统美德、人文精神等。

湖湘文明是源远流长、博大精深中华文明的重要组成部分。湖南先民在漫长的历史长河中创造了绚丽的湖湘文化图谱。通观湖南史前文化，从遍布三湘四水的旧石器遗址，到稻作农业的产生，到城市的出现，这一发展模式在中国史前文化的发展史上，无疑具有重要的代表性。湖南先民在漫长的历史长河中创造了绚丽的湖湘文化图谱，开启了湖湘文化先河。炎帝、舜帝在湖湘大地上的行迹、事迹，炭河里遗址独特的青铜文明，里耶秦简、走马楼吴简展示的制度文明，是湖南文明史的肇始。马王堆汉墓出土的文物，是映射汉代文化的百科全书，唐代一批批知名中原人士留下的绚丽文化遗产，尽显湖湘文化发展之盛。宋代周敦颐理学及湖湘学派对后世的深远影响，彰显出湖湘文化的博大精深。明末清初的船山之学，特别是近代湖南人才群体涌现，熠熠生辉，成就“一本湘人奋斗篇，半部中国近代史”的佳话，写就了湖湘文化蓬勃繁盛的篇章。

湖湘文化是中华核心道统的一种传承。炎帝部落南来、舜帝南巡、屈原行吟，塑造出湖湘文化敢为人先、惟精惟一、心忧天下、上下求索等思维方式与价值精神；汉唐时期，以贾谊、杜甫、柳宗元、刘禹锡等为代表的寓湘文人，在湖湘大地滋养下，将朴素唯物主义哲学、现实主义文学传统推向高峰，踔厉奋发的奋斗精神、“戎马关山北，凭轩涕泗流”的忧国忧民精神渗透湖湘文化血脉；宋代“理学开山”周敦颐融合儒释道，胡安国、胡宏开创湖湘学派，“朱张会讲”阐扬理学精髓，使得以理学为核心的儒学彰显出“吾道南来，原是濂溪一脉；大江东去，无非湘水余波”的恢宏气概；明末清初，王夫之传承“道统”，集朴素唯物主义思想之大成；晚清以来，魏源、郭嵩焘等人接续经世致用思想，“睁眼看世界”，推动湖湘文化从地域走向全国。

湖湘文化是中华文化在近现代的一种重要形态。近代以来，湖南人敢为人先、兼收并蓄、放眼世界，大兴改革、务实之风，推动湘军崛起、洋务运动、戊戌维新、辛亥革命、新民主主义革命，担负起赓续中华文化、振兴中华民族的历史使命。“惟楚有材，于斯为盛。”人才群体的涌现，成就了“中兴将相，什九湖湘”的历史华章。湖南是戊戌维新时期最为活跃的省份，谭嗣同一生致力于维新变法，被称为“中国为国流血第一士”。黄兴、宋教仁、蒋翊武、蔡锷等人都是辛亥革命的功臣。黄兴是辛亥革命时期的先驱和领袖，与孙中山被时人以“孙黄”并称，后人称赞其“无公则无民国，有史必有斯人”；蔡锷被称为“再造共和”“再造民国”之人；毛泽东、刘少奇、任弼时等人将马克思主义基本原理同中国具体实际相结合、同中华优秀传统文化相结合，使湖湘文化在建设新民主主义文化中具有极其重要的作用和地位。

湖南厚重的革命文化，是湖南最宝贵的文化资源和鲜明的文化特色，是湖南人民在伟大斗争中培育和创造的思想理论、价值追求、精神品格，集中体现了湖南近现代文化的发展及其成果，展现了湖湘儿女的民族气节和英雄气概。湖南是“伟人故里、将帅之乡”。这里走出了毛泽东、刘少奇、任弼时、彭德怀、贺龙、罗荣桓等老一辈革命家和军事家。党成立前的 8 个早期组织中，湖南革命家参与发起成立的就有 6 个，党的一大出席代表 13 人中，湖南籍的有 4 名，全国最早的 50 余名党员中，湖南籍党员近 20 名。共和国开国将帅中，十大元帅中有湘籍元帅 3 名，大将 6 名，上将 19 名，中将 45 名。自 1927 年至 1949 年，湖南全省有名可查的烈士就达 20 万余人，可谓“十步之内，必有芳草”“寸土千滴红军血，一步一尊英雄躯”。湖南是中国革命的重要策源地。大革命时期，轰轰烈烈的湖南工农运动是北伐战争制胜的重要支持力量。土地革命战争时期，湖南先后发生了秋收起义、湘南暴动、桑植起义、平江起义、通道转兵等重大历史事件。毛泽东等人创建发展了井冈山、湘赣、湘鄂赣、湘鄂西等革命根据地。红军长征，在湖南留下感天动地的英勇史诗。抗日战争时期，中国共产党在湖湘大地引领了抗日救亡运动，是抗日战争的中流砥柱。湖南是中国共产党人精神的重要锻造地。100 多年前，毛泽东、蔡和森等一批风华正茂的先进青年在岳麓山下汇集，成立新民学会，主张“明目张胆正式成立一个中国共产党”，用实际行动铸就了伟大的建党精神，成为中国共产党人的精神之源。“半条被子”的故事、陈树湘断肠明志的故事……都凝聚了伟大的中国共产党人精神。翻开中国共产党人的精神谱系，纵观井冈山精神、苏区精神、延安精神、抗战精神、西柏坡精神、抗美援朝精神、兵团精神、雷锋精神等，无一不有湖南人的杰出贡献。

湖南社会主义先进文化在当代展现出独特的魅力和价值，萃取了湖湘优秀传统文化和革命文化的精华，凝聚了中国特色社会主义共同理想和共产主义远大理想、马克思主义中国化的制度和理论成果、社会主义核心价值观、以爱国主义为核心的民族精神和以改革创新为核心的时代精神。新中国成立以来，特别是党的十八大以来，湖南活跃的现代文化精彩纷呈。

贯彻“双百”方针，湖湘文化在推陈出新中振兴发展。新中国成立后，湖南贯彻“百花齐放、百家争鸣”的方针，坚持文化建设为人民服务、为社会主义服务的方向，对全省文化事业进行分类指导，引领文化建设取得了斐然成绩。周立波的优秀长篇小说《山乡巨变》开创了湖南现代乡土文学的先河；1952 年 6 月，丁玲的《太阳照在桑干河上》获苏联斯大林文艺奖金，并被译成多种文字，在各国读者中广泛传播。地方戏剧进行艺术革新，花鼓戏《刘海砍樵》等剧多次入京汇报演出，《双送粮》中《浏阳河》唱段传唱不衰；以“憎爱分明的阶级立场，言行一致的革命精神，公而忘私的共产主义风格，奋不顾身的无产阶级斗志”为内涵的雷锋精神，丰富了中国共产党人的精神谱系。

提出建设文化强省目标，文化湘军在改革大潮中崛起。党的十一届三中全会开启了改革开放和社会主义现代化建设新时期。湖南不断解放思想、更新观念，引入文化经济的理念，文化产业破壳而出。广播电视、新闻出版快速发展，形成了闻名遐迩的电视湘军、出版湘军，“湖南文化现象”享誉全国。湖南出版行业提出“立足本省，面向全国，走向世界”的发展战略，这一时期，湘版图书获奖率稳居全国前列。1990 年湖南率先创办全国第一家省级有线电视台——湖南有线广播电视台。1995 年 12 月，湖南经济电视台按照市场化运作，极大地激活了湖南电视行业。进入新世纪，2001 年湖南省首次确立了“发展文化产业，建设文化强省”的战略。2006 年湖南省第九次党代会进一步强调“努力把湖南建设成为社会文明程度高、文化事业和产业走在前列、在国内外享有较高知名度和影响力的文化强省”。2010年，湖南省印发《湖南省文化强省战略实施纲要（2010—2015年）》，提出努力打造湖南文化高地，形成强大的文化凝聚力、文化创新力、文化传播力、文化保障力和文化竞争力，为全省经济社会发展提供良好的思想保证、精神动力、舆论氛围和文化条件。湖南文化产业在“四放”——放手、放权、放心、放开的政策下，依托丰富的资源、扎实的基础、优秀的人才、良好的环境，取得了令世人瞩目的成绩，稳步走在了全国文化发展繁荣的前列。

文化“两创”争先，湖湘文化在新时代展现新作为。党的十八大以来，湖南注重在新的历史条件下实现湖湘文化创造性转化和创新性发展，赋予其新的时代内涵和表现形式，激活文化创新创造活力，交出了一份发展社会主义先进文化的满意答卷。文化改革激活“一池春水”。湖南坚持高位推动文化领域改革，坚持守正创新，一手抓传统文化行业转型，一手抓新兴文化业态培育。在全国率先成立省文资委，率先建立省管国有文化企业“一企一策”社会效益考核量化评价指标体系，持续深化“一企一方案”省管国有文化企业改革，激发创新活力、内生动力。2023年，湖南有规模以上文化企业4000多家，实现营收3158.67亿元。企业主要经营指标稳居全国第一方阵，营业总收入居全国第一，资产总额、净资产、国有资本保值增值率居全国第三。“文化+科技”锻造新质生产力。2020年9月，习近平总书记在马栏山视频文创产业园考察时强调，文化和科技融合，既催生了新的文化业态、延伸了文化产业链，又集聚了大量创新人才，是朝阳产业，大有前途。2024 年 3 月湖南之行，习近平总书记明确要求湖南探索文化和科技融合的有效机制，加快发展新型文化业态，形成更多新的文化产业增长点。要以数字技术创新文化表现形式、传播形式，提高文化吸引力、感染力、传播力。强调要顺应数字产业化和产业数字化趋势，加快发展新型文化业态，改造提升传统文化业态，提高质量效益和核心竞争力。三湘大地涌现出文化与科技融合发展的蓬勃生机，科技赋能的文化领域新质生产力正在加速形成。以马栏山视频文创产业园为例，目前，园区已引进 3800 多家上下游企业，形成了集创意、内容制作、储存、播发、交易于一体的数字文化产业链，成立了 5G 高新视频多场景应用国家广电总局重点实验室、马栏山・华为云音视频产业创新中心等 10 个研发创新平台。“文化 + 科技”的深度融合使马栏山朝着“中国 V 谷”，打造全球数字音视频产业链基地和媒体融合新地标快速迈进。截至 2024 年，园区 5G 智慧电台已应用于 30 个省市区的 1203 家广播电台，AI 手语播报系统已推广至 346 家电视台和融媒体中心，园区累计实现企业营收 1700 多亿元。文化和科技融合延展了文化呈现纬度，《最忆韶山冲》《遇见大庸》《天宠湖南》《桃花源记》等文旅演艺节目火爆出圈。文化和科技融合延伸了文化赓续长度，湖南博物院收藏的马王堆汉墓出土文物、中国最大的露天摩崖石刻碑林——永州浯溪碑林等文化物品借助现代科技手段焕发出新的生机活力。“文化 + 旅游”释放新能量。乘首届湖南旅游发展大会的东风，全省文旅产业竞相发展。新时代十年来，湖南旅游总收入年均增长 19.3%。“文旅 +”

“+ 文旅”演绎出新模式、新业态，13 条乡村旅游精品线路和 7 条文化旅游精品线路吸引游客；文旅产业助力脱贫攻坚和乡村振兴，直接和间接减贫累计 100 余万人，形成 55 个旅游扶贫典型案例。

“吾道南来，原是濂溪一脉；大江东去，无非湘水余波。”文化的力量，厚重而深远。我们要牢记习近平总书记的殷殷嘱托，深刻把握湖湘文化精神实质，弘扬其精神特质，为构筑湖湘文化新的高地，为实现“三高四新”美好蓝图注入新的文化动能，为中国式现代化提供新的文化滋养。

后　记

文化的生成和发展不是一蹴而就的，也不是直线型延伸，而是不断交流交融的。在宏大的历史长河中，湖湘文化经由远古先民的开拓而萌芽，炎帝、舜帝之后湖湘文化不断与中原文化、岭南文化等融合发展，经由汉唐、宋元时期的兴盛，到近代对中国历史文化影响至深，既展示了湖湘文化形成发展的脉络，又体现出湖湘文化的阶段性特征及盛况。因此，湖湘文化既有历史的阶段性，又有突出的延续性、包容性、共通性。鉴于此，本书将湖湘文化萌芽、形成、发展、繁荣的脉络，梳理于各章节相关内容和表述中，而没有在章节标题中以概念的形式体现。

湖湘文化源远流长。近代以来，郭嵩焘出使英法归来，开始从地理环境和人文因素考察湖湘文化特征的成因，并分析其弊害，到钱基博、谭其骧等人对湖湘文化成因、影响的分析，都概莫如是，大体相近。

湖湘文化内容繁多。湖湘文明是湖湘文化最为重要的核心要素。湖湘文明既有物质文明、精神文明，又有制度文明。因此，本书所阐释的“湖湘文化”不局限于思想、学术、文化教育、科技民俗等内容，而是在揭示湖湘制度文明发展阶段性的基础上，呈现湖湘文化的诸多内容和内涵。同时，又撷取湖湘文化历史长河中的文化亮点、文化名片、文化标志性人物、思想、事件等，凸显湖湘文化在中华文明中的重要地位。

湖湘文化内涵丰富。中共湖南省委书记沈晓明指出，湖湘文化有着自强不息的奋斗精神、心忧天下的爱国精神、经世致用的求实精神、兼收并蓄的开放精神、敢为人先的开拓精神等鲜明特质。这些精神特质在不同时期都有体现，因此，在相关人物的描述中有相应的体现，而不是以专题的形式呈现。

本书的编写、出版是中共湖南省委宣传部确定的2024年重点工作之一，由钟君策划并确定写作提纲，谢兵良组织编写，钟君、谢兵良、李斌最终统稿。马延炜、李超、张建坤、杨兴山、毛健参与改稿讨论。具体分工如下：序言由钟君、谢兵良、侯依阳执笔；第一章由曾俊森执笔；第二章、第三章由王勇执笔；第四章由许宁宁执笔；第五章由张建坤、李屹轩执笔；第六章第一、二、四节由彭丽华执笔，第三节由李斌执笔；第七章由周方高执笔；第八章由李超执笔；第九章由马延炜执笔；第十章第一、二、三节由罗业永执笔，第四节由李斌执笔；结语由谢兵良、杨兴山执笔，后记由谢兵良、李斌执笔。

湖湘文化源远流长、博大精深，我们尽力做到“简而要”，而非“细而全”，疏忽之处在所难免，又由于水平和能力有限，书中难免有不当之处，敬请广大读者批评指正！